Jornalismo científico

COLEÇÃO COMUNICAÇÃO

Coordenação
Luciana Pinsky

A arte de entrevistar bem Thais Oyama
A arte de escrever bem Dad Squarisi e Arlete Salvador
A arte de fazer um jornal diário Ricardo Noblat
A imprensa e o dever de liberdade Eugênio Bucci
A mídia e seus truques Nilton Hernandes
Assessoria de imprensa Maristela Mafei
Comunicação corporativa Maristela Mafei e Valdete Cecato
Correspondente internacional Carlos Eduardo Lins da Silva
Escrever melhor Dad Squarisi e Arlete Salvador
Ética no jornalismo Rogério Christofoletti
Hipertexto, hipermídia Pollyana Ferrari (org.)
História da imprensa no Brasil Ana Luiza Martins e Tania Regina de Luca (orgs.)
História da televisão no Brasil Ana Paula Goulart Ribeiro, Igor Sacramento e Marco Roxo (orgs.)
Jornalismo científico Fabíola de Oliveira
Jornalismo cultural Daniel Piza
Jornalismo de rádio Milton Jung
Jornalismo de revista Marília Scalzo
Jornalismo de TV Luciana Bistane e Luciane Bacellar
Jornalismo e publicidade no rádio Roseann Kennedy e Amadeu Nogueira de Paula
Jornalismo digital Pollyana Ferrari
Jornalismo econômico Suely Caldas
Jornalismo esportivo Paulo Vinicius Coelho
Jornalismo internacional João Batista Natali
Jornalismo investigativo Leandro Fortes
Jornalismo político Franklin Martins
Jornalismo popular Márcia Franz Amaral
Livro-reportagem Eduardo Belo
Manual do foca Thaïs de Mendonça Jorge
Manual do frila Maurício Oliveira
Manual do jornalismo esportivo Heródoto Barbeiro e Patrícia Rangel
Os jornais podem desaparecer? Philip Meyer
Os segredos das redações Leandro Fortes
Perfis & entrevistas Daniel Piza
Reportagem na TV Alexandre Carvalho, Fábio Diamante, Thiago Bruniera e Sérgio Utsch (orgs.)
Teoria do jornalismo Felipe Pena

Jornalismo científico

Fabíola de Oliveira

Copyright © 2002 Fabíola de Oliveira
Todos os direitos desta edição reservados à
Editora Contexto (Editora Pinsky Ltda.)

Preparação de originais
Edna Adorno

Projeto gráfico e diagramação
Cia. editorial / Texto & Arte Serviços Editoriais

Revisão
Maitê Carvalho Casacchi / Texto & Arte Serviços Editoriais

Projeto de capa
Marcelo Mandruca

Capa
Antonio Kehl

Dados Internacionais de Catalogação na Publicação (CIP)
(Câmara Brasileira do Livro, SP, Brasil)

Oliveira, Fabíola de
Jornalismo científico / Fabíola de Oliveira. –
3. ed., 1ª reimpressão – São Paulo: Contexto, 2024. –
(Coleção comunicação)

Bibliografia.
ISBN 978-85-7244-212-1

1. Jornalismo científico 2. Jornalismo científico – Brasil
I. Título. II. Série

02-5322   CDD-070.4495

Índices para catálogo sistemático:
1. Jornalismo científico 070.4495
2. Jornalismo e ciência 070.4495

2024

EDITORA CONTEXTO
Diretor editorial: *Jaime Pinsky*

Rua Dr. José Elias, 520 – Alto da Lapa
05083-030 – São Paulo – SP
PABX: (11) 3832 5838
contato@editoracontexto.com.br
www.editoracontexto.com.br

Proibida a reprodução total ou parcial.
Os infratores serão processados na forma da lei.

SUMÁRIO

PREFÁCIO

Cultura científica e cidadania 7

INTRODUÇÃO

Aos estudantes, focas e veteranos 9
    Jornalismo e ciência: o início 10
    O papel das fontes 13
    Um novo jornalista 14

CAPÍTULO I

Parceiros desde Gutenberg 17
    Jornalismo e ciência: o início 17
    Evolução da Europa para o Novo Mundo 20
    Porta-vozes da fronteira do conhecimento 21
    Romantismo e visão crítica 23

CAPÍTULO II

Jornalismo científico no Brasil 27
    Efeitos da dependência e da censura 27
    O estabelecimento da ciência 28
    Os pioneiros do século XX 31
    A Associação Brasileira de Jornalismo Científico 36
    O crescimento: da década de 1980 até a atualidade 38

CAPÍTULO III

Conversa com colegas 43
   Discurso jornalístico e discurso científico 43
   O relacionamento com as fontes 48
   O mercado de trabalho 51
   A opinião dos pesquisadores 53
   Possibilidades de formação e especialização 54
   A ética é universal 56

CAPÍTULO IV

A visão romântica na área espacial 59
   Fascínio e distanciamento 59
   Origens e atualidade 61
   O relacionamento com a imprensa 64
   Cobertura sem visão crítica 66
   Uma mandala para o jornalismo espacial 69

Sugestões de leitura 71

Guia de fontes 75

PREFÁCIO

Cultura científica e cidadania

Nos últimos vinte anos, resultado de toda uma conjuntura, o jornalismo científico teve significativo avanço no Brasil. Uma das razões desse desenvolvimento foi a consolidação da própria pesquisa científica nacional que, se ainda não atingiu estágio desejável em comparação ao porte da economia, progrediu com relação ao passado recente.

O jornalismo científico refletiu e, sem dúvida, ajudou nesse desenvolvimento, ainda que os próprios jornalistas não costumem levar em conta tal colaboração intelectual. A desmistificação do estereótipo do pesquisador científico e o impulso ao início do que se pode considerar um processo de alfabetização científica estão entre as contribuições do jornalismo científico.

Há quem defenda a ideia de que a revista *Ciência Hoje* introduziu o moderno jornalismo científico no Brasil. Certamente é visão parcial dos fatos. Jornalistas, individualmente, refletindo formação e interesses pessoais, começaram, particularmente no início dos anos 1980, a escrever sobre ciência. Assim, ajudaram a abrir espaço novo, quase um contraponto ao esgotamento do modelo de jornalismo econômico tal como praticado na década anterior, subproduto do "milagre brasileiro". E aqui não se pode esquecer o pioneirismo de J. Reis.

Curiosamente, durante todo esse período, poucos trabalhos acadêmicos trataram o jornalismo científico metodicamente, como "guias de campo", apesar da expressiva quantidade de experiências acadêmicas voltadas para o jornalismo comparado, para as estatísticas de temas etc. Talvez porque, em muitas escolas, boa parte dos professores não tenha desfrutado da experiência de campo.

Por tudo isso, este trabalho de Fabíola de Oliveira tem seu valor e mérito. Organiza, localiza e dá certo norte, para retomar uma referência que nos foi legada pela colonização, às questões envolvendo jornalismo científico. Não é definitivo, na acepção de esgotar o assunto, como a autora mesmo adverte. E nem seria o caso. Ante a escassez editorial nesta área, seria de estranhar que um único trabalho arcasse com tal responsabilidade.

A contribuição de Fabíola de Oliveira é exatamente a de organizar os primeiros passos, estabelecer conceitos e tratar preconceitos – como o pretenso desencontro entre jornalistas e pesquisadores científicos. Não que este descompasso não exista ou não tenha existido. Mas enquanto obstáculo, deve ser superado em benefício das duas partes e, especialmente, da sociedade brasileira.

Os métodos da pesquisa científica e do jornalismo científico são distintos. O que não significa oposição entre as duas áreas pela simples razão de que distinto não é, necessariamente, oposto. Ao contrário do que uma interpretação equivocada ainda pode defender.

A nova cidadania não pode prescindir da cultura científica, ou seja, da busca de inteligibilidade para a natureza do mundo e do desfrute lúdico da investigação. O céu não é azul por acaso e nem a noite é escura pelo simples efeito de rotação da Terra. As coisas do mundo são mais complexas do que parecem à primeira vista. Mas são inteligíveis, para retomar a ideia de Albert Einstein de que o mais surpreendente do Universo é que ele é inteligível.

Para ajudar a promover a cultura científica, o jornalismo científico é indispensável. E para consolidar o jornalismo científico, trabalhos como este são inestimável contribuição.

Ulisses Capozzoli

INTRODUÇÃO

Aos estudantes, focas e veteranos

Quando comecei a ministrar a disciplina Jornalismo Científico em curso de graduação, em 1998, percebi a total inexistência de bibliografia brasileira na área com conteúdo didático voltado para estudantes de jornalismo. A bibliografia em língua estrangeira, especialmente em inglês, é vasta. Mas como aproveitá-la em sala de aula se a grande maioria dos alunos não tem familiaridade com outras línguas? O recurso comumente utilizado da produção de apostilas com trechos extraídos de obras aqui e acolá não nos parece suficiente como prática adequada ao ensino de nível superior. Trabalhos acadêmicos têm proliferado em algumas universidades na forma de teses de mestrado e doutorado ou de publicações em revistas especializadas, abordando temas pontuais do jornalismo e da divulgação científica, mas em linguagem pouco acessível aos estudantes de graduação e sem apresentar visão mais universal do assunto.

Foi essa carência de bibliografia básica que me levou a pensar na produção deste livro, cuja ideia central é apresentar um panorama do jornalismo científico no Brasil e no mundo. No início, uma aluna do curso de jornalismo da Universidade de Mogi das Cruzes (UMC), Kelly Cristina de Oliveira, aceitou trabalhar no projeto como monitora. Como não tínhamos boas referências no país, a inspiração veio de um livro americano, o *Field Guide for Science Writers*, publicado com o aval da Associação Americana de Escritores de Ciência. É uma coletânea de artigos de vários jornalistas americanos, que relatam suas experiências e agruras na cobertura de Ciência e Tecnologia.

A nossa proposta ia além disso. Não queríamos produzir um manual só do tipo "faça isto, não faça aquilo", mas fazer o leitor entender, com certa profundidade, que é importante a cobertura jornalística na área de C&T e seus derivados; que o jornalismo científico ainda está engatinhando no Brasil (e em outros países em desenvolvimento); que é necessário termos uma cultura científica no país, como temos a do futebol, e mostrar que a divulgação científica tem tudo a ver com cidadania. Muito do que consta do livro foi também fruto do trabalho que desenvolvi na tese de doutorado denominada *Ciência e Tecnologia na Comunicação Social de Instituições Governamentais*, na ECA-USP, em 1998.

O projeto do livro ficou em banho-maria até 2000, quando dois alunos do 4º ano de jornalismo da Universidade do Vale do Paraíba (Univap), Roberta Baldo e Rodrigo Correia, receberam bolsas de iniciação científica da Fapesp para a pesquisa de campo. Durante alguns meses eles realizaram entrevistas com profissionais, professores e pesquisadores de jornalismo científico no Brasil, e parte desse material foi aproveitado no livro, no capítulo III, em que tratamos do campo de trabalho e da formação profissional. Roberta teve de abandonar o projeto no meio do percurso, mas Rodrigo trabalhou até o final de 2000 e foi o principal responsável pela elaboração do guia de fontes, que encerra o livro. Mais um aluno de jornalismo, Marcos de Oliveira, ajudou a coletar e organizar as informações para a produção do capítulo II, sobre a história do jornalismo científico no Brasil.

Também não podemos esquecer a colaboração que recebemos de colegas jornalistas que se prontificaram a responder as perguntas elaboradas pelos bolsistas para dar subsídios ao conteúdo do livro. Foram eles: Fabiane Cavalcanti, Flávio Dieguez, Graça Caldas, Isaltina de Melo Gomes, Jorge Antonio Menna Duarte, José Monserrat Filho, José Roberto Ferreira, Lacy Barca, Mariluce Moura, Moacir Loth, Ricardo Bonalume Neto, Roberto Medeiros, Ulisses Capozzoli e Wilson da Costa Bueno. A todos o nosso reconhecimento.

JORNALISMO E CIÊNCIA: O INÍCIO

Antes de qualquer coisa vamos procurar responder uma questão simples, cuja resposta é aparentemente óbvia: por que jornalismo científico e por que divulgar a ciência? Dizer que a ciência e a tecnologia são imprescindíveis ao desenvolvimento de um país parece hoje senso comum, e este é um discurso até mesmo de grande parte dos políticos. É bonito e faz efeito, como dizer que educação é essencial, que sem educação o país não evolui. Então não vamos perder mais tempo com a relevância da ciência. O que nos importa aqui é tratar da necessidade de as pessoas, o maior número possível delas dentro de uma sociedade, terem acesso a informações científicas. Em particular as que lhes afetam diretamente a vida, que têm efeitos políticos, econômicos e sociais imperceptíveis às pessoas não informadas.

Em fevereiro de 1998, a Associação Americana para o Progresso da Ciência (AAAS) realizou em Filadélfia a sua 150ª reunião anual, na mesma cidade em que há um século e meio (1848) nascia a associação, por iniciativa de uma dúzia de luminares da ciência americana. (Desde o início de sua história, a entidade já foi presidida por dez recipientes do prêmio Nobel.) Tivemos a oportunidade, juntamente com jornalistas de outros países, de participar do encontro e das reuniões promovidas pela Associação Nacional de Escritores de Ciência (NASW). Em uma delas, o jornalista *freelancer* Steve Mirsky declarou a certa altura: "Fazer jornalismo científico é o privilégio de ser porta-voz da fronteira do conhecimento humano". O impacto dessa afirmação, recebida com aplausos pelos mais de cem jornalistas presentes na plateia, levou-nos a refletir que o jornalismo científico pode, de fato, ter belíssima missão a cumprir. Mas, se isto é verdade para os Estados Unidos, onde não paira dúvida sobre a pesquisa científica e tecnológica fronteiriça, que dizer do Brasil? O jornalismo científico pode e deve exercer a mesma função aqui? Mais ainda, questão aparentemente óbvia mas não é, para que pretender divulgar ciência maciçamente para um povo massacrado por tantas desditas?

Uma das questões que surgem com frequência em discussões e debates sobre divulgação e jornalismo científico é precisamente a validade ou não de divulgar C&T. Esse questionamento não parte apenas de leigos ou pouco iniciados no assunto, mas com frequência de jornalistas defensores da não especialização e de cientistas-pesquisadores cépticos quanto à capacidade de jornalistas ou demais comunicólogos de traduzir a linguagem científica para o público. Aliada à primeira questão surge a segunda: para quem divulgar C&T? Dúvida pertinente, dada a realidade socioeconômica e cultural do país.

Mesmo considerando a inegável fragilidade da condição socioeconômica de grande parte da população brasileira, nos vemos no papel de defender com veemência a necessidade de divulgar C&T, porque existe no Brasil demanda não atendida por essa divulgação, amplamente comprovada no estudo, do Instituto Gallup encomendado pelo CNPq, publicado em 1987, intitulado *O que o brasileiro pensa da Ciência e Tecnologia?*, segundo o qual cerca de 70% da população urbana brasileira têm interesse em C&T.

Os números apontados na pesquisa revelam a existência de grande demanda potencial pelo jornalismo científico e por revistas de popularização das ciências em geral e mostram a necessidade de ser empreendido extenso trabalho de divulgação científica em nosso país. Os avanços já conseguidos pela ciência no Brasil ainda não são suficientemente conhecidos, a não ser em círculos restritos. Apesar do enorme interesse manifestado por C&T, os dados referentes à percepção da influência da ciência indicam que os resultados do avanço científico e tecnológico estão distantes da vida diária das pessoas.

Embora esse estudo tenha cerca de 15 anos, até o momento não foi realizado nenhum outro semelhante no Brasil. Devemos continuar a considerar válidos seus resultados, porque não foram envidados esforços significativos para melhoria na quantidade e na qualidade da divulgação científica para o público. E ousamos inferir que os resultados poderiam ser ainda mais contundentes se fosse levada a cabo nos dias de hoje a pesquisa: apontariam demanda ainda maior por divulgação científica, já que os avanços da C&T são cada vez mais determinantes no contexto social, econômico e político da vida humana.

Do ponto de vista da prática política e do exercício dos poderes e das liberdades democráticas, o público em geral deve estar incluído na grande base da pirâmide social, porque todos os cidadãos estão (ou deveriam estar) envolvidos na eleição dos representantes governamentais, que são selecionados conforme a sua atuação ou as promessas das plataformas políticas. C&T tem consequências comerciais, estratégicas, burocráticas, e igualmente na saúde pública; não nas margens, mas no âmago desses componentes essenciais do processo político. Democracia participativa requer cultura científica do eleitorado, para que este seja capaz de apoiar, ou não, as propostas e decisões de seus representantes, e de endossar ou não sua eleição.

Temos nesta exposição justificativa clara para afirmar que o acesso às informações sobre C&T é fundamental para o exercício pleno da cidadania e, portanto, para o estabelecimento de uma democracia participativa, na qual grande parte da população tenha condições de influir, com conhecimento, em decisões e ações políticas ligadas a C&T. Entendemos que a formação de uma cultura científica, notadamente em sociedades emergentes como é o caso do Brasil, não é processo simples ou que se possa empreender em pouco tempo. No entanto, o acesso às informações sobre C&T como um dos mecanismos que pode contribuir de maneira efetiva para a formação de uma cultura científica deve ser facilitado ao grande público carente delas.

O PAPEL DAS FONTES

O direito à informação – destacado na Declaração Universal dos Direitos Humanos divulgada pela ONU em 1948 – por si só justificaria a essência da necessidade de divulgar C&T para o grande público como forma de socialização do conhecimento. Mas as justificativas vão mais além. O grau de desenvolvimento científico e tecnológico dos países pode estar diretamente associado à melhoria de sua qualidade de vida. Além disso, a maior parte dos investimentos em C&T é oriunda dos cofres públicos, ou seja, da própria sociedade para quem devem retornar os benefícios resultantes de tais investimentos.

A divulgação de C&T, portanto, deve partir inicialmente de suas fontes primárias, que são os responsáveis pelo planejamento e pela distribuição dos recursos – os órgãos governamentais – e sobretudo da comunidade científica concentrada nas universidades e instituições de pesquisa, responsáveis pela produção de C&T. Os governos em todos os níveis e os pesquisadores de modo geral têm o dever de prestar contas à sociedade sobre as realizações na área, contribuindo para a evolução educacional e cultural da população. A divulgação científica aproxima o cidadão comum dos benefícios que ele tem o direito de reivindicar para a melhoria do bem-estar social. Ela pode contribuir também para visão mais clara da realidade ao contrapor-se aos aspectos característicos de uma cultura pouco desenvolvida, ainda contaminada por superstições e crenças que impedem as pessoas de localizar com clareza as verdadeiras causas e os efeitos dos problemas que enfrentam na vida cotidiana.

Partimos do pressuposto de que os meios de comunicação de massa são a principal fonte de informação sobre C&T disponível ao grande público e que, como descrito acima, os órgãos governamentais, os institutos de pesquisa, as universidades e a comunidade científica são o ponto de partida para incentivar a divulgação de C&T no país de maneira contínua e eficaz. No processo básico da comunicação social, eles são os emissores das mensagens já que detentores das informações primárias.

UM NOVO JORNALISTA

O novo profissional que incentivamos aqui deverá ter visão crítica e interpretativa da ciência, como já o fazem bons jornalistas nas áreas de política, economia, cultura e esportes, só para citar as mais tradicionais. Deve romper com a cultura de "papagaios de cientistas", que só aos poucos começa a se diluir nos jornais e meios eletrônicos brasileiros, derrubar o estereótipo de cientista do tipo professor Pardal, e desmitificar a imagem maniqueísta que o senso comum carrega da ciência. O jornalismo científico de qualidade deve demonstrar que fazer C&T é, acima de tudo, atividade estritamente humana, com implicações diretas nas atividades socioeconômicas e políticas de um país. Portanto, do mais alto interesse para o jornalismo e para a sociedade.

A produção do conhecimento científico e o consequente desenvolvimento tecnológico estão presentes nas mais corriqueiras ações de nosso dia a dia. Quando pegamos o telefone para uma ligação interurbana, nossa voz viaja através de um sofisticado satélite artificial colocado no espaço a milhares de quilômetros da Terra. A televisão, o rádio, o transporte rápido, que hoje pode nos levar em poucas horas a qualquer ponto do planeta, são produtos do engenho humano integrados ao nosso cotidiano.

No entanto, apesar dos avanços da ciência e da tecnologia, a grande maioria das pessoas ainda vive totalmente alheia às decisões dos centros do poder político sobre como e quanto investir em atividades de C&T. Estas atividades, no Brasil, são financiadas sobretudo com dinheiro público. Mais ainda, em um país em desenvolvimento como o nosso, o acesso e o uso de modernas tecnologias, que tanto podem facilitar a vida humana, está disponível apenas para um número reduzido de pessoas.

A mais perversa consequência da falta de educação e de informação é a incapacidade de poder opinar ou decidir sobre coisas que podem afetar a vida individual, comunitária e até de toda uma nação. Por exemplo, quando o governo decide construir ou comprar um satélite artificial, está tratando de investimento de milhões de dólares, que sairão do bolso dos contribuintes. E quantos se dão conta disso? Bem poucos.

As decisões políticas sobre grandes programas científicos e tecnológicos passam, em um país democrático, pelo crivo do Congresso Nacional, no qual a população pode e deve interferir. Mas, novamente, para exercer este direito de todo cidadão, é preciso estar bem informado. O jornalismo científico pode entrar em cena como agente facilitador na construção da cidadania.

CAPÍTULO I

Parceiros desde Gutenberg

JORNALISMO E CIÊNCIA: O INÍCIO

O conhecimento e a discussão sobre a ciência há muito deixou de ser privilégio de cientistas e pesquisadores presos no laboratório, trabalhando muitas vezes distanciados da realidade social. Na verdade há fortes indícios de que a divulgação da ciência teve início com o próprio advento da imprensa de tipos móveis, em meados do século XV. Os livros de história da ciência dão como certo que a difusão da impressão na Europa nessa época acelerou a criação de uma comunidade de cientistas, fazendo com que as ideias e ilustrações científicas se tornassem disponíveis a grande número de pessoas. Mas é claro que esse número restringia-se ainda à pequena camada letrada das sociedades de então: os representantes do clero, da nobreza e da burguesia mercantilista que começava a se espalhar por toda a Europa.

Entre o momento em que o alemão Johann Gutenberg e seus associados publicaram, em 1455, a famosa *Bíblia de Gutenberg*, primeiro livro completo impresso na máquina de tipos móveis, e o advento do jornalismo científico passaram-se cerca de dois séculos. Não é muito tempo para uma época cujos processos de mudanças sociais eram bem mais lentos do que os que conhecemos hoje. Por isso não é exagero dizer que o surgimento da imprensa no século XV não só impulsionou a difusão da ciência como também possibilitou o surgimento do jornalismo científico no século XVII.

Vejam só que interessante. Enquanto em 1609 surgem os primeiros jornais com periodicidade regular na Alemanha, o *Aviso*, em Wolfenbüttel, e o *Relation*, em Estrasburgo, em 1610 o astrônomo italiano Galileu Galilei publica o livro *Mensageiro Celeste*, no qual faz, em linguagem coloquial, um relato acessível ao público sobre a sua descoberta e observações das três luas de Júpiter. O livro de Galileu causa sensação em toda a Europa. Na obra *O Momento Criativo* (1992), o autor Joseph Schwartz relata que "a demonstração por observação direta que os corpos celestes podiam se mover ao redor de outros centros que não fossem a Terra era o assunto do momento nos salões da nobreza e nos bares dos peixeiros". Galileu pagou caro por sua linguagem clara e objetiva. A nova ciência astronômica que com a evolução do telescópio permitia a observação direta dos corpos celestes contrariava as Sagradas Escrituras. Galileu foi perseguido pela Inquisição por mais de 20 anos, e em suas obras seguintes passou a usar a linguagem matemática, inacessível ao clero e à maioria das pessoas. Mas essa é outra história.

O que nos interessa aqui é que se vivia o período da chamada revolução científica, fenômeno particularmente europeu que se expande ao longo dos séculos XVI e XVII. Uma revolução que implicava não somente desenvolvimentos estritos no campo da ciência e da técnica, mas transformações mais amplas na filosofia, na religião e no pensamento social, moral e político. A cultura científica que tomaria conta da Europa iluminista nos posteriores séculos XVIII e XIX foi bastante inspirada pelas conquistas das gerações anteriores de cientistas europeus revolucionários, como Galileu, René Descartes e Isaac Newton.

No apogeu da revolução científica, a Inglaterra de Newton desponta como berço da divulgação e do jornalismo científico, e, a partir de meados do século XVII, começa intensa circulação de cartas expedidas por cientistas sobre suas ideias e novas descobertas. Essas correspondências já eram redigidas em vários idiomas, pois o latim deixava de ser a língua dominante da religião e da ciência ocidentais, e as traduções eram feitas com frequência para permitir a difusão do conhecimento. Mas se a Inglaterra foi o berço, o pioneirismo do jornalismo científico coube na verdade ao alemão Henry Oldenburg, que não brilhava entre as grandes mentes científicas de sua geração, mas tinha o talento especial de aglutinar e inspirar a nova geração de homens da ciência. O historiador americano Daniel J. Boorstin, em seu fascinante livro *Os Descobridores (1983*, ano da primeira edição em inglês), conta que o talento de Oldenburg foi reconhecido pela Real Sociedade Britânica, que o nomeou seu secretário.

A combinação do caráter informal e fragmentado das cartas com o potencial de alcance do texto impresso foi logo percebida por Oldenburg, que com sua capacidade empreendedora inventou assim a profissão de jornalista científico. Como novo gênero literário da época, o jornalismo científico abriu espaço para a divulgação das mais destacadas notícias dos tempos modernos. Para confirmar o reconhecimento do trabalho profissional de Oldenburg, a sua produção de cartas impressas de divulgação científica passou a ser remunerada a partir de dezembro de 1666, depois que o conselho da Real Sociedade Britânica votou a favor do pagamento de 40 libras por todo o trabalho que ele realizara gratuitamente nos quatro anos anteriores. Posteriormente ele passaria a receber o salário anual de 40 libras e contar com a ajuda de um redator.

Oldenburg foi também o criador, em 1665, do periódico científico *Philosophical Transactions*, que durante mais de dois séculos permaneceu como modelo para as modernas publicações científicas. Pelo relato de Boorstin, percebe-se que Oldenburg não foi apenas pioneiro do jornalismo científico, mas divulgador obstinado. A publicação do *Phil. Trans.*, como ficou conhecido, não lhe dava retorno financeiro, era empreendimento pessoal que só foi reconhecido como publicação oficial da Real Sociedade Britânica quase um século após a morte de Oldenburg. No entanto, lembra Boorstin, dois séculos mais tarde, em 1866, Thomas Henry Huxley observou: "Se todos os livros do mundo fossem destruídos, à exceção dos *Philosophical Transactions*, é seguro dizer que os fundamentos da ciência física permaneceriam inabaláveis e que o vasto progresso intelectual dos últimos dois séculos estariam amplamente, ainda que não completamente, registrados". Embora exagerada, tal afirmação dá a dimensão da importância do trabalho de divulgação científica iniciado por Henry Oldenburg.

EVOLUÇÃO DA EUROPA PARA O NOVO MUNDO

A literatura sobre jornalismo científico na Europa e nos EUA, que é farta, mostra que esta área recebe grande impulso a partir da segunda metade do século XIX. A expansão é constante na Europa, "onde a ciência se tornou parte integral do cotidiano das elites dos séculos XVIII e XIX, servindo como recheio das conversas nos eventos oficiais e como assunto da moda entre os burgueses emergentes", lembra o inglês John Durant em artigo publicado no livro *When Science Becomes Culture* (Canadá, 1994). É possível que a passagem do título de "nação mais avançada cientificamente" da Inglaterra para a França, nos séculos XVIII e XIX, e da França para a Alemanha, no início do século XX, tenha tido reflexos na relativa dispersão do jornalismo científico na Europa.

As duas guerras mundiais certamente contribuíram para o avanço do jornalismo científico na Europa e nos Estados Unidos. Tanto que após a Primeira Guerra Mundial, jornalistas dos dois continentes, ávidos por reunir informação e conhecimento para interpretar as novas tecnologias bélicas, criaram as primeiras associações de jornalismo científico. Na Europa, a Inglaterra tomou a dianteira novamente, capitaneada pelo jornalista Richard Calder, que escrevia sobre ciência no *Daily Mail* desde o final da década de 1930. Em entrevista concedida à autora deste livro durante o V Congresso Ibero-americano de Jornalismo Científico (na Espanha, em novembro de 1990), o jornalista britânico Arthur Borne comentou que, durante a guerra, havia a necessidade de relatar o que os cientistas estavam fazendo. Assim, em 1945, Calder e outros jornalistas criaram a Associação Britânica dos Escritores de Ciência.

Em 1971, as associações já existentes na Europa se uniram e criaram a União Europeia das Associações de Jornalismo Científico (European Union of Science Journalism Association's – EUSJA). Borne, presidente da EUSJA na primeira metade da década de 1990, disse que o objetivo da associação é realizar trabalhos comuns com os vários grupos de pesquisa em jornalismo científico existentes na Europa, além de colaborar para que seja incentivada a divulgação da ciência por todo o continente.

Na porção norte do Novo Mundo, a forma de colonização expansionista inaugurada pelos britânicos puritanos e calvinistas permitiu que em pouco mais de dois séculos todo o território dos Estados Unidos da América fosse ocupado de leste a oeste. Para a nova nação que se erguia, o conhecimento científico e tecnológico foi desde o início reconhecido como elemento fundamental para a expansão territorial e o fortalecimento da economia. Assim, o jornalismo científico encontrou campo fértil.

PORTA-VOZES DA FRONTEIRA DO CONHECIMENTO

> *Cambridge, Mass., 26 dez., 1922* – "*O mundo científico está convencido da verdade sobre a teoria da evolução*", *comunicou hoje formalmente o Conselho da Associação Americana para o Progresso da Ciência, cujo encontro anual teve início, reunindo entre 2000 e 3000 principais cientistas da América.*

Esse era o *lead* de uma das reportagens enviadas ao *New York Times* pelo jornalista Alva Johnston, que ganhou o primeiro prêmio Pulitzer de jornalismo científico com a série de reportagens publicadas no jornal na cobertura dessa reunião da Associação Americana para o Progresso da Ciência (AAAS), em Cambridge, Massachussets. Os jornalistas científicos, ou escritores de ciência americanos, desde o início da década de 1920 já trabalhavam em estreita colaboração com a comunidade científica, participando ativamente das reuniões anuais da AAAS, da Academia Nacional de Ciência (NAS), da Sociedade Americana de Química (ACS), da Sociedade Americana de Física (AFS), da Associação Americana de Medicina (AMA), e da Sociedade Americana de Filosofia (APS), esta última a mais antiga organização científica do país. A proliferação do desenvolvimento científico e tecnológico provocado pela Primeira Guerra Mundial (1914-1918) resultou no aumento significativo da cobertura jornalística nessa área, pois com a guerra houve uma ênfase da importância da ciência: novas armas de grande potencial, novos explosivos, gases venenosos, aeroplanos e submarinos eram utilizados pela primeira vez em um conflito de grandes proporções.

O primeiro serviço de notícias científicas dos Estados Unidos foi criado em 1921 por E. W. Scripps, o homem que, provavelmente, fundou o maior número de jornais na história do jornalismo. Além de apaixonado pelo jornalismo, Scripps interessava-se muito pela ciência. Assim Scripps fundamentou a criação do Serviço de Ciência (*Science Service*): "É somente por meio da imprensa, especialmente a que se faz diariamente, que a grande maioria da população deste país pode receber educação, informação e ser instruída com qualidade e rapidez nos assuntos de seu interesse. O objetivo desta instituição, a Sociedade Americana para a Disseminação da Ciência, é servir-se largamente da imprensa para disseminar o conhecimento resultante de longas pesquisas realizadas por centenas ou talvez milhares de homens qualificados e de grande capacidade mental". O *Science Service* é até hoje uma das principais agências de notícias científicas dos EUA.

O grupo informal de jornalistas que durante a década de 1920 se encontrava com frequência na cobertura das reuniões de sociedades científicas, incluindo jornalistas do *Science Service* de Scripps, começou a sentir a necessidade de criar uma organização voltada para seus interesses e problemas. Um deles, recorrentes, era o de haver muita ciência para reportar e poucos editores convencidos da importância da cobertura científica. Os jornalistas também acreditavam que poderiam ter um melhor relacionamento com a comunidade científica se, como ela, estivessem reunidos em algum tipo de entidade associativa. No dia 25 de abril de 1934, 12 jornalistas científicos reunidos em Washington criaram a Associação Nacional de Escritores de Ciência (National Association of Science Writers – NASW), com o objetivo de "promover a disseminação de informações precisas sobre a ciência, em todos os meios normalmente dedicados à informação pública, bem como estimular a interpretação da ciência e de seu significado para a sociedade, com os mais elevados padrões do jornalismo".

A NASW congrega hoje cerca de três mil escritores de ciência em todo o país. Eles se reúnem no encontro anual da AAAS. Fundada em 1848, a Associação Americana para o Progresso da Ciência é a entidade que congrega toda a comunidade científica dos Estados Unidos. É semelhante à Sociedade Brasileira para o Progresso da Ciência (SBPC, criada em 1948). Tem na divulgação pública da ciência e da tecnologia uma de suas principais missões, e desenvolve diversas atividades na área, além de um intenso trabalho no Congresso para conscientização e aprovação de leis visando o desenvolvimento científico e tecnológico.

Em um trabalho de estreita colaboração com a NASW, a AAAS organiza anualmente, desde 1945, o Prêmio de Jornalismo Científico AAAS (AAAS Science Journalism Awards), patrocinado pela Fundação Whitaker. Além de publicar a revista científica semanal mais prestigiada no mundo, a *Science*, fundada pelo cientista Thomas Edison em 1880, AAAS desde 1995 tem um serviço eletrônico de divulgação científica, o EurekAlert!, que compila notícias de ciência e tecnologia de todas as universidades e instituições de pesquisa americanas e de organizações semelhantes em outros países.

Foi também um grupo de jornalistas americanos liderados por James Cornell, então assessor de imprensa do *Harvard-Smithsonian Observatory*, que criou a Associação Internacional de Escritores de Ciência (ISWA), em Cambridge, Massachussets, em 1965. A associação tem como membros jornalistas científicos de todo o mundo.

ROMANTISMO E VISÃO CRÍTICA

É inegável que a comunicação pública de C&T é hoje uma instituição plenamente incorporada à cultura americana, talvez mais do que em qualquer outro lugar do mundo. A profissão de "escritor de ciência", como preferem chamar os americanos, oferece hoje um vasto campo de possibilidades de atuação, tanto nos meios de comunicação de massa como nas instituições de pesquisa governamentais, sociedades científicas e universidades. A formação de profissionais é também intensa. Em levantamento realizado pela Universidade de Wisconsin-Madison em 1993, havia cerca de cinquenta cursos de jornalismo científico nos EUA, em níveis de especialização, mestrado e doutorado. Durante as últimas décadas a área passou a ser alvo de um crescente número de trabalhos de pesquisa acadêmica, tanto na Europa como nos Estados Unidos, o que tem permitido melhor análise do jornalismo científico americano.

Um desses estudiosos, Bruce Lewenstein, da Universidade de Cornell, comenta que tanto a comunidade científica como os jornalistas americanos, desde o século XIX até meados da década de 1970, voltaram todos os seus esforços de divulgação científica para construir a "visão de um mundo racional, governado por uma ciência objetiva e com poder independente das questões sociais". No artigo publicado no periódico inglês *Public Understanding of Science* em janeiro de 1992, Lewenstein argumenta que a expressão compreensão pública da ciência (public understanding of science), largamente difundida nos EUA e na Europa, visava muito mais incutir no público uma ampla apreciação pela ciência por tudo o que ela proporciona à sociedade do que fazê-lo compreender a ciência. Com isto, as instituições científicas e os meios de comunicação de massa americanos lograram construir um ambiente cultural extremamente favorável aos enormes investimentos realizados em C&T desde a segunda metade do século XIX. Essa visão romântica, favorável e acrítica permitiu, por exemplo, o avanço do programa espacial nas décadas de 1960 e 1970, principal mote tecnológico do período da guerra fria entre os EUA e a União Soviética.

Mas a visão crítica sobre o jornalismo científico não se restringe aos meios acadêmicos americanos. O jornalista Richard Harris, presidente da Associação Nacional de Escritores de Ciência (NASW) e repórter de ciência da National Public Radio, fez uma análise do comportamento da imprensa americana na cobertura de assuntos de C&T durante as últimas décadas, na abertura da reunião anual da NASW, em Filadélfia, em 1998. Para ele, o jornalismo científico praticado no país já passou pelas fases romântica e céptica e, atualmente, tem sido capaz de fazer análises e julgamentos críticos. Ele usou como exemplo o programa espacial americano, que no início, com o projeto Vanguard (1957-1958) e os apelos nacionalistas da guerra fria, só encontrava apologias na mídia da época. A explosão do ônibus espacial Challenger, em 1987, deu início à fase de ceticismo.

Nesse ano, os jornalistas científicos reunidos no encontro da AAAS, em Chicago, começaram a questionar por que, com tantos indícios, não foram capazes de prever o acidente. A conclusão óbvia era a total submissão às informações fornecidas pelas fontes oficiais. Para Harris, a década de 1990, com os longos debates sobre as mudanças climáticas globais, a biotecnologia e as enormes possibilidades de acesso a várias fontes de informação, com as redes de computadores, deu início à produção de material jornalístico mais crítico e menos ufanista.

Os debates sobre o uso do desenvolvimento tecnológico e seu impacto na qualidade de vida do planeta levaram jornalistas e divulgadores científicos de 31 países, reunidos na I Conferência Mundial de Jornalistas Científicos, a manifestar sua preocupação com os padrões de desenvolvimento adotados pelos países de primeiro mundo. Para esses profissionais, a grande maioria oriunda do Japão, da Europa e dos EUA, o mau uso dos avanços científicos tem contribuído para o crescimento da miséria nos países em desenvolvimento e para a destruição do meio ambiente do planeta.

O tema central da conferência, realizada em Tóquio de 10 a 13 de novembro de 1992, foi o resgate da ciência a serviço da humanidade. Na manhã de 10 de novembro, o comandante Jacques-Yves Cousteau fez a palestra de abertura do evento, quando falou sobre o futuro da Terra e o papel dos jornalistas científicos. Como porta-voz das discussões que se desenrolariam nos próximos dias, Cousteau discorreu sobre as contradições dos valores humanos provocados pelos atuais padrões de desenvolvimento e surpreendeu os conferencistas ao apontar com veemência a responsabilidade dos países desenvolvidos em relação aos pobres e à degradação ambiental.

O primeiro encontro mundial em Tóquio mostrou que jornalistas e divulgadores científicos estão preocupados com o atraso do conhecimento e da difusão da ciência nos países em desenvolvimento. Em consequência desta visão, os jornalistas concluíram que novos paradigmas de desenvolvimento devem ser buscados por todos os países. Paradigmas que respeitem não só a preservação das diversidades culturais em todo o mundo. O jornalista e o divulgador de ciência devem ter visão global do desenvolvimento que inclua os aspectos sociais, econômicos e políticos da ciência e da tecnologia. Na *Declaração de Tóquio*, documento final gerado como conclusão da conferência, os jornalistas afirmaram que a democratização das informações científicas e tecnológicas e o treinamento de jornalistas e divulgadores científicos, notadamente nos países pobres e em desenvolvimento, são condições básicas para que o jornalismo científico contribua de fato na construção de um mundo melhor.

Essa visão foi reforçada na II Conferência Mundial, realizada em Budapeste em 1999, como evento paralelo à Conferência Mundial de Ciência promovida pela ONU na mesma cidade. A III Conferência foi realizada em novembro de 2002 na cidade de São José dos Campos, SP, Brasil. O tema geral foi jornalismo científico e desenvolvimento humano. Nela foram apresentadas e discutidas propostas de ações concretas para ampliar a formação de jornalistas científicos, sobretudo nos países em desenvolvimento, por meio da criação de uma federação mundial de jornalistas científicos. Nessa III Conferência foi fundada a Federação Mundial de Jornalistas Científicos que, desde então, tem realizado conferências mundiais a cada 2 anos, e regionais em vários países.

CAPÍTULO II

Jornalismo científico no Brasil

EFEITOS DA DEPENDÊNCIA E DA CENSURA

Enquanto na Europa e nos Estados Unidos o século XIX foi marcado como período de grande efervescência da divulgação da ciência e do jornalismo científico, no Brasil a corte portuguesa se instalou no início do século e só então resolveu *suspender* a proibição de imprimir livros e jornais. O país vivia, até essa época, no total obscurantismo beletrista. A leitura e os estudos eram privilégio dos filhos da nobreza, que podiam se dar ao luxo de estudar na Europa. Escolas de nível superior só surgiriam na segunda metade do século XIX e as primeiras universidades, na década de 1930.

Em 113 anos de história (1889-2002) a República brasileira teve 30 presidentes, entre eles sete militares (dois na Velha República e cinco no governo militar), e dois longos períodos de ditadura: o Estado Novo de Getulio Vargas, entre 1937 e 1944, e o regime militar, de 1964 a 1985, perfazendo o total de 28 anos ou quase um quarto da história da República, além de 389 anos de submissão à monarquia portuguesa. Assim é que em 502 anos de história, a sociedade brasileira teve um período de apenas 85 anos em que, bem ou mal, pôde exercer o direito de eleger os dirigentes do país pelo voto direto.

Temos, em consequência, 417 anos de repressão e cerceamento da liberdade de expressão. A história da imprensa no Brasil já nasce atrelada ao poder oficial. Em 10 de setembro de 1808 saiu das oficinas da Impressão Régia (pertencente à corte de Dom João VI) o primeiro número da *Gazeta do Rio de Janeiro*. Conta Nelson Werneck

Sodré, no livro *História da Imprensa no Brasil*, que esse jornal era do governo, feito pela imprensa oficial, nada nele constituía atrativo para o público, nem esta era a preocupação dos que o faziam ou a dos que o haviam criado. E o primeiro jornal independente do poder oficial foi fundado também em 1808, dirigido e redigido em Londres por Hipólito da Costa, que assim se justificou por fazer no estrangeiro o seu *Correio Braziliense:* "Resolvi lançar esta publicação na capital inglesa dada a dificuldade de publicar obras periódicas no Brasil, já pela censura prévia, já pelos perigos a que os redatores se exporiam, falando livremente das ações dos homens poderosos". Não por pouca coisa, portanto, acostumamo-nos à forte influência das elites dominantes sobre os meios de comunicação de massa.

Podemos também relacionar as origens do atraso científico e tecnológico do país ao tipo de colonização que tivemos, muito mais voltada para a exploração do que para a expansão, ao contrário da colonização dos Estados Unidos. A pesquisa científica no Brasil era incipiente até o século XIX e só começou a mostrar alguma força a partir do final desse século, quando a comunidade científica começou a organizar-se.

O cerceamento da liberdade de expressão por parte do governo federal, visando principalmente o controle das informações veiculadas pela imprensa, torna-se organizado e bem definido por lei em 1940, quando o presidente Getulio Vargas cria o Departamento de Imprensa e Propaganda (DIP). Com a criação desta repartição pública, o Governo preocupa-se também, pela primeira vez, em dar estrutura e orçamento próprios à área de imprensa e propaganda. É a primeira e a maior iniciativa do governo federal de organizar sistema e estrutura de comunicação social com a finalidade principal de cercear a liberdade de informação e expressão durante o Estado Novo (1937-1944).

O ESTABELECIMENTO DA CIÊNCIA

Enquanto as liberdades de expressão sofregamente ganhavam espaço após o Estado Novo, foi também a partir de meados da década de 1940 que a ciência brasileira entrou definitivamente na agenda do governo e da sociedade. A instituição da ciência no Brasil operou-se, como em outros países, bastante influenciada pelo término da Segunda Guerra Mundial e pelo grande impacto que a força do avanço tecnológico demonstrada pelos aliados causou em todo o mundo. O primeiro fato marcante foi a criação, em 1948, da Sociedade Brasileira para o Progresso da Ciência (SBPC), entidade que hoje congrega todas as sociedades científicas do país. A SBPC tornou-se respeitada e conhecida ao longo de seus mais de 50 anos de história, criando tradição de trincheira de resistência, notadamente durante o governo militar da década de 1960 à de 1970. Nas reuniões anuais da entidade, frequentadas pela elite intelectual brasileira, os cientistas, professores universitários, escritores e estudantes tinham espaço garantido para debater os rumos da ciência e da política no país.

A criação do Conselho Nacional de Pesquisas, CNPq, em janeiro de 1951, representou o primeiro esforço significativo nacional de regulamentar a ciência e a tecnologia no país. Durante mais de três décadas, até a criação do Ministério da Ciência e Tecnologia (MCT) em 1985, o CNPq foi o principal órgão responsável pelas ações de C&T empreendidas pelo governo federal. Nasceu diretamente subordinado ao presidente da República, com a finalidade de promover e estimular o desenvolvimento da investigação científica, e tecnológica em qualquer domínio do conhecimento. Em 1974, o CNPq passou de autarquia a fundação, com o novo nome de Conselho Nacional de Desenvolvimento Científico e Tecnológico, vinculado à Secretaria de Planejamento da Presidência da República (Seplan/PR), e em 1985 passou a subordinar-se ao MCT.

As origens do CNPq estão intimamente ligadas a ideologia nacionalista, calcada na ideia de "segurança nacional", defendida por militares e burocratas do aparato estatal desde fins da década de 1940. No livro *Ciência e Estado: a política científica no Brasil*, a autora Regina Lúcia de Moraes Morel relata que "a criação do CNPq foi orientada pela necessidade de o Brasil se equiparar às outras nações na pesquisa da energia nuclear, elemento que a Segunda Guerra demonstrara ser de vital importância para a segurança nacional. Expressou o movimento nacionalista de base militar que, no período que se seguiu à Segunda Guerra, se preocupou em defender o monopólio de materiais físseis, então de grande interesse para a política atômica de outros países".

O CNPq é reconhecido como a principal agência de fomento à ciência no país. É responsável pela manutenção de grande parte das bolsas de apoio à pesquisa e à qualificação de recursos humanos em cursos de pós-graduação no Brasil e no exterior. Realiza ainda pesquisas próprias e atividades de informação e difusão de C&T, nos dez institutos que mantém vinculados, entre eles alguns dos mais antigos e conceituados do Brasil, como o Observatório Nacional do Rio de Janeiro, fundado em 1827, o Museu Paraense Emilio Goeldi, criado em Belém em 1866, e o Centro Brasileiro de Pesquisas Físicas, fundado no Rio de Janeiro em 1949.

Entre as iniciativas mais louváveis do CNPq na área de jornalismo e divulgação científica, se não a mais louvável, destaca-se o Prêmio José Reis de Divulgação Científica, criado em 1978. Concedido anualmente, é destinado "àqueles que tenham contribuído significativamente para tornar a ciência, a tecnologia e a pesquisa conhecidas do público leigo, pela divulgação das atividades de pesquisa e dos avanços científicos e tecnológicos, nos veículos de comunicação coletiva, impressos ou eletrônicos". O prêmio era atribuído anualmente nas modalidades divulgação científica, jornalismo científico e instituição, mas desde 1995 vem sendo concedido anualmente a apenas uma das três modalidades, em sistema de rodízio.

O regime militar do período 1964-1984 deu grande impulso ao desenvolvimento científico e tecnológico brasileiro. A doutrina nacionalista do então governo militar articulava grandes projetos tecnológicos que, pensava-se, poderiam levar o país a ser soberano e independente. Ainda que a sociedade não fosse consultada, existia, de fato, um projeto nacional de desenvolvimento tecnológico com metas estabelecidas – e foi no bojo desse projeto que surgiram o programa nuclear, a indústria aeronáutica e de defesa e o programa espacial brasileiros. Apesar dos aspectos ideológicos e políticos que circundaram esse momento da nossa história, é preciso reconhecer que foi um período de grande incentivo ao desenvolvimento tecnológico, que ainda hoje representa parte significativa da inteligência nesta área, na forma de institutos de pesquisa e universidades.

Não se pode ficar lamentando a vida toda pelo que passou. Mas não devemos jamais minimizar o imenso prejuízo cultural, ético e intelectual que os séculos de cerceamento à liberdade de expressão causaram à evolução da sociedade brasileira. O jornalismo científico durante o governo militar, por exemplo, seguia à risca a batuta dos censores, divulgando com ufanismo os grandiosos projetos da época – a Transamazônica, as grandes hidrelétricas, as indústrias bélicas (hoje quase todas extintas), o programa nuclear e o aeroespacial. As entidades de pesquisa governamentais tinham projetos definidos e verbas alocadas (bem ou mal) sem participação alguma da opinião do Congresso e muito menos da sociedade, que, mal informada, jamais nelas influiu.

As atividades de C&T no Brasil ainda estão fortemente centralizadas nos governos estaduais e no federal. O país investe cerca de 1% do produto interno bruto (PIB) em C&T, boa cifra para a América do Sul. Nossos vizinhos têm baixos investimentos na área, com exceção do Chile e do Uruguai. Mas ainda estamos atrás dos países desenvolvidos, que chegam a investir de 2% a 3% do PIB, além de contar com significativa participação da iniciativa privada. Ainda assim, o Brasil é hoje considerado o 18º maior produtor de C&T, o que é medido internacionalmente pelo número de publicações científicas em periódicos indexados.

OS PIONEIROS DO SÉCULO XX

A divulgação científica pela imprensa que, como vimos no capítulo anterior, parece ter sido uma das primeiras formas de jornalismo especializado, também não tardou a chegar ao Brasil, influenciada pelos ares das grandes evoluções científicas que se verificavam na Europa e nos Estados Unidos. Alguns antecedentes do jornalismo científico brasileiro foram localizados pela jornalista Luisa Massarani em pesquisa realizada para tese de mestrado na Universidade Federal do Rio de Janeiro (UFRJ). Ela levantou informações sobre iniciativas de divulgadores científicos, jornalistas e cientistas nas últimas décadas do século XIX. São exemplos a *Revista Brazileira* (1857), a *Revista do Rio de Janeiro* (1876), e a *Revista do Observatório* (1886), esta publicada pelo Imperial Observatório do Rio de Janeiro, atualmente Observatório Nacional. A jornalista também localizou o primeiro livro brasileiro a refletir sobre a importância da divulgação científica, intitulado *A vulgarização do saber*, escrito por Miguel Ozorio de Almeida e publicado no Rio de Janeiro em 1931. Mas é particularmente a década de 1920 que Massarani destaca em sua pesquisa como período de muitas iniciativas em divulgação e jornalismo científico no Rio de Janeiro, centro econômico e cultural do país na época. É claro que, como a própria autora ressalta, o contexto internacional de grande interesse público pela ciência acabou refletindo no Brasil.

Sem prejuízo desses pioneiros pontuais, destacamos aqui dois nomes bastante conhecidos da história do jornalismo brasileiro e da divulgação científica. O primeiro foi o jornalista, militar e engenheiro civil Euclides da Cunha, que não passou para a história como jornalista científico, e talvez nem mesmo ele assim se denominasse na época, início do século XX, quando publicou o livro *Os Sertões*. A serviço do jornal *O Estado de S. Paulo*, Euclides cobriu, em 1897, o levante do Arraial de Canudos, no interior da Bahia, onde o exército lutava para derrotar os habitantes desse local miserável, os seguidores de Antônio Conselheiro, misto de profeta e louco, que pregava contra a República. As viagens de Euclides a Canudos resultaram em inúmeras anotações, consultas a estudiosos e leituras, que o levaram a publicar o livro cinco anos mais tarde. Nele, o jornalista faz em vários momentos profunda reflexão sobre a influência do meio ambiente na formação do homem brasileiro, em diversas regiões do país. Discute as variações do clima, da qualidade da terra, da vegetação, da água e dos minerais, como no trecho a seguir, em que descreve com mestria uma parte da região de Canudos:

> Esta parte do sertão, na orla dos tabuleiros que se dilatam até Jeremoabo, diverge muito das que temos rapidamente bosquejado. É menos revolta e é mais árida. Rareiam os cerros de flancos abruptos e

estiram-se chapadas grandes. O aspecto menos revolto da terra, porém, encobre empeços porventura mais sérios. O solo arenoso e chato, sem depressões em que se mantenham reagindo aos estios, as cacimbas salvadoras, é absolutamente estéril. E como as maiores chuvas ao caírem, longamente intervaladas, mal o embebem, prestes desaparecendo sorvidas pelos areais, cobre-o flora mais rarefeita, transmudando-se as caatingas em catanduvas.

Euclides preconiza o jornalismo científico e ambiental contextualizado e interpretativo, no qual a informação científica dá suporte à compreensão da realidade.

O segundo nome é do médico, pesquisador, educador e jornalista José Reis, considerado o patrono do jornalismo científico no Brasil. J. Reis, como ficou conhecido por causa da coluna científica que escrevia semanalmente na *Folha de S. Paulo* desde 1947 até o fim de sua vida, em maio de 2002, começou a publicar, a partir de 1932, artigos e folhetos para público não especializado em problemas científicos. Ele era articulista das seções agrícolas de jornais e colaborador da revista *Chácaras e Quintais*. Em abril de 1947, José Reis passou a produzir artigos para os jornais *Folha da Manhã*, *Folha da Tarde* e *Folha da Noite*. Mais tarde, estes três veículos fundiram-se, formando o jornal *Folha de S. Paulo*, em cujo caderno *Mais* Reis escrevia todos os domingos a coluna *Periscópio*.

Mas, foi na década de 1940 que J. Reis deu salto significativo para a divulgação da ciência no Brasil fundando, em 1948, juntamente com outros cientistas, a Sociedade Brasileira para o Progresso da Ciência. Além de outras finalidades, a SBPC foi criada com a preocupação de discutir a função social da ciência, como lembrou o próprio José Reis em entrevista concedida à autora deste livro em maio de 1985. Estas palavras bem resumem em nosso entender a maneira de pensar e agir que marcaram toda sua vida.

> Atualmente vejo que é comum o cientista estar conscientizado de seu papel social e em grande parte a SBPC teve papel muito importante nisto. Quando a fundamos, em 1948, o Maurício Rocha e Silva, o Paulo Sawaya, o Gastão Rosenfeld e eu discutimos

muito essa questão e decidimos incluir entre as funções da SBPC a necessidade de se criar ou difundir tal consciência social entre os cientistas brasileiros. O que não entendo é um cientista desvinculado da sociedade e da política, no bom sentido que esta última palavra pode ter. O cientista verdadeiro precisa ter a noção de que a ciência que ele faz, seja a ciência pura, aparentemente desvinculada de qualquer relação, ou a ciência aplicada, que muitas vezes nasce da ciência pura e outras vezes a inspira, essa ciência, em última análise, deve ser feita tendo em mente uma função social para atender ao bem-estar da humanidade.

O professor J. Reis nasceu no Rio de Janeiro em 12 de junho de 1907 e formou-se em 1930 pela antiga Faculdade Nacional de Medicina. Mais tarde, especializou-se em microbiologia no Instituto Oswaldo Cruz. O trabalho que desenvolveu no já então afamado Instituto de Manguinhos, como é conhecido no Rio, valeu-lhe convite para estagiar como bolsista no Instituto Rockfeller, nos Estados Unidos, onde aprendeu e desenvolveu novas técnicas de pesquisa no campo dos vírus.

Retornando para o Brasil, foi trabalhar no Instituto Biológico de São Paulo, onde ficou até aposentar-se em 1958. A partir de então, J. Reis passou a dedicar-se integralmente ao ensino e à divulgação científica, publicou mais de cinco mil trabalhos entre livros, artigos científicos e material jornalístico. Em 1977, foi um dos fundadores da Associação Brasileira de Jornalismo Científico (ABJC), da qual foi o primeiro presidente e é presidente de honra, desde 1979. O reconhecimento a esse pioneiro da divulgação científica no Brasil foi expresso pelo CNPq, quando em 1979 criou o Prêmio José Reis de Divulgação Científica. Posteriormente, diversas iniciativas voltadas para a divulgação e para o jornalismo científico têm sido inspiradas no riquíssimo legado deixado por J. Reis.

A origem das associações de jornalismo científico na América Latina, que começaram a despontar em vários países a partir da década de 1970, tem como destaque o jornalista venezuelano Arístides Ramón Bastidas Gómez. Nascido em 1924 na aldeia de San Pablo, estado de Yaracuy, Arístides trabalhou como repórter policial por cinco anos (de 1945 a 1949), no jornal diário *Últimas Notícias*, passando depois para a área política. Com a ditadura, que se instalou em seu país em 1948, e com a deposição do presidente Rômulo Gaiero, veio também a censura, que o levou a publicar matérias científicas. Em entrevista concedida à autora deste livro em novembro de 1990, durante o V Congresso Ibero-americano de Jornalismo Científico, na Espanha, Arístides disse que a opção pela divulgação científica foi o caminho encontrado para transmitir informações progressistas ao público, já que não era possível criticar o governo.

Registros do ano de 1953 marcam o início do jornalismo científico na Venezuela. Em Medellín, na Colômbia, em 1969, Arístides Bastidas conhece outro personagem importante do jornalismo científico espanhol, o jornalista Manuel Calvo Hernando, que o convida, com o apoio do Instituto Venezolano de Investigaciones Científicas (IVIC), a organizar o I Seminário de Jornalismo Científico. O evento deu origem ao Círculo de Jornalismo Científico da Venezuela, do qual Bastidas foi presidente de 1971 a 1979, reeleito de 1983 a 1989. No ano de 1971, Calvo Hernando criou a Associação Ibero-americana de Jornalismo Científico (AIAPC). No mesmo ano Bastidas passou a assinar uma coluna de divulgação científica no jornal diário *El Nacional*, de Caracas, cujo título era *Ciência Amena*. Ele buscava prender a atenção dos leitores descrevendo de forma sensível os fenômenos que ocorrem na biologia, na química, na matemática, na saúde, no meio ambiente, na nutrição e, particularmente, nas pesquisas tecnológicas, num esforço para que industriais e políticos tomassem consciência da importância que esse tipo de pesquisa representa para o desenvolvimento de um país.

Mesmo muito debilitado pela poliartrite, que contraiu aos 22 anos e que se agravou com as torturas sofridas durante a ditadura, causando-lhe paralisia na estrutura óssea, Bastidas continuou sua luta pela divulgação da ciência na América Latina. Em 1975, apesar de ter perdido a visão, ele criou a Escola de Treinamento para Jornalistas Científicos, que passou a chamar de *Brujoteca*. Em relação aos alunos que ingressavam na escola, dizia: "A primeira condição é que tenham coração, a segunda que tenham vocação e a terceira, que tenham inteligência. Mas se tiverem coração e vocação, serão aceitos". Bastidas escreveu 12 livros, todos de divulgação científica, e publicou sua coluna diária no *El Nacional* de Caracas até morrer, em 1992, aos 68 anos.

A ASSOCIAÇÃO BRASILEIRA DE JORNALISMO CIENTÍFICO

Um pequeno grupo de jornalistas preocupados em divulgar C&T e democratizar o conhecimento científico e tecnológico no país reuniu-se para criar a Associação Brasileira de Jornalismo Científico, ABJC, entidade sem fins lucrativos, fundada em 19 de setembro de 1977, na cidade de São Paulo. José Reis foi o primeiro presidente da ABJC (1977-1979) e, além dele, foram fundadores os jornalistas Júlio Abramczyk, Abram Natan Jagle, Demócrito de Oliveira Moura, Ethevaldo Mello de Siqueira, Perseu Abramo, Silvio Raimundo, Gastão Thomaz de Almeida, Marco Antonio Filippi, Laércio Gonçalves da Silva, José Hamilton Ribeiro, Andrejus Korolkovas (cientista), Milton José Blay, Cecília Maria Zioni Beting e Rubens Barbosa de Mattos.

A ABJC tem promovido – e destes eventos participado – congressos, seminários, debates, palestras, cursos, visitas técnicas a instituições de pesquisa e desenvolvimento tecnológico, com o objetivo de promover e incentivar a divulgação da ciência e da tecnologia no Brasil. Entre os eventos estão os Congressos Brasileiros de Jornalismo Científico (CBJC), com seis edições no total; o IV Congresso Ibero-Americano de Jornalismo Científico, realizado em São Paulo em 1982, em conjunto com o I CBJC; encontros nas reuniões anuais da Sociedade Brasileira para o Progresso da Ciência; o I Congresso Gaúcho de Jornalismo Científico; e o seminário Divulgação da Produção Científica Brasileira, de 1991, promovido com o auxílio da Escola de Comunicações e Artes da USP (Departamento de Jornalismo e Editoração). Realizaram-se também debates sobre jornalismo científico no Sindicato dos Jornalistas Profissionais do Estado de São Paulo, em 1983 e 1984, com a participação de mais de cem jornalistas. Desses debates surgiram os *Cadernos de Jornalismo Científico*, na gestão do jornalista e médico Júlio Abramczyk.

Dos Congressos Brasileiros de Jornalismo Científico, somente o quinto e o sexto realizaram-se fora do estado de São Paulo, na Pontifícia Universidade Católica de Minas Gerais e na Universidade Federal de Santa Catarina, respectivamente. O primeiro realizou-se em setembro de 1982, em São Paulo, juntamente com o Congresso Ibero-Americano, e contou com a presença de 300 participantes de diversos países iberoamericanos. O segundo, em outubro de 1989, também na capital; na ocasião, o estatuto da associação foi modificado, na tentativa de adequar a entidade às novas exigências da sociedade. A partir desse ano ficou estipulado que deveria ser promovido periodicamente um congresso de âmbito nacional. Os quatro congressos seguintes (Santos, 1991; Campinas, 1994; Belo Horizonte, 1996; e Florianópolis, 2000) seguiram as modificações feitas no segundo e o número de trabalhos inscritos passou de 14, na terceira edição do congresso, para 190 na quarta, oriundos de 13 diferentes estados brasileiros, demonstrando o crescimento do interesse na área.

A ABJC foi presidida pelos jornalistas José Reis (1977-1979); Júlio Abramczyk (1979-1987); Wilson da Costa Bueno (1988-1989); Fabíola de Oliveira (1990-1991); Roberto Pereira Medeiros (1992-1994); Randau Marques (1995-1996); Jorge Pereira (1997-1998); José Hamilton Ribeiro (1999-2000) e Ulisses Capozzoli (2001-2002). A associação tem atualmente cerca de quinhentos associados, entre eles jornalistas, pesquisadores, professores e estudantes dedicados à divulgação da C&T, e integra o Conselho das Sociedades Científicas da SBPC.

Embora tenha sido bem-sucedida em alguns trabalhos, a ABJC tem sobrevivido com dificuldade. Ao contrário do exemplo da similar americana (NASW), na ABJC ainda é pequena a participação de jornalistas ligados aos meios de comunicação de massa, pouco afeitos a atividades associativas. Os sócios são na maioria assessores de imprensa de entidades de C&T, e os poucos restantes, professores e pesquisadores da área. Assim, ainda é limitada a discussão do jornalismo científico entre os profissionais que o praticam, embora seja visível o aumento da participação de jornalistas nas atividades da ABJC e nos diversos encontros promovidos por universidades, órgãos públicos e meios de comunicação no país.

A grande preocupação da comunidade internacional de jornalistas científicos na atualidade, que é o papel da ciência para o bem-estar social e a construção de uma cultura científica nos países menos desenvolvidos, ocupa também o centro das discussões atuais na ABJC. Por este motivo, a entidade elegeu o tema "jornalismo científico e desenvolvimento humano" como foco central da III Conferência Mundial de Jornalistas Científicos, WCSJ Brazil 2002, e do VII Congresso Brasileiro de Jornalismo Científico, VII CBJC, que a ABJC realiza em novembro de 2002, na Universidade do Vale do Paraíba (Univap), em São José dos Campos. Esta é a oportunidade única de trazer para o Brasil as discussões sobre a prática do jornalismo científico nas mais diversas culturas, e possivelmente dar à área nova dimensão social, econômica e política.

O CRESCIMENTO: DA DÉCADA DE 1980 ATÉ A ATUALIDADE

Na década de 1980, a divulgação e o jornalismo científico no Brasil cresceram significativamente com o surgimento de novas revistas como *Ciência Hoje* (SBPC) e *Ciência Ilustrada* (Editora Abril). Em 1990, a Editora Globo lançou a revista *Globo Ciência* e, no mesmo ano, a Editora Abril lançou a *Superinteressante*. Além disso, surgiram programas de televisão como o *Globo Ciência* (TV Globo) e *Estação Ciência* (da antiga TV Manchete), e já eram frequentes as manchetes sobre C&T também nos noticiários televisivos do dia a dia. Nessa mesma época, o CNPq reeditou a *Revista Brasileira de Tecnologia (RBT)*, criada nos anos 60, que passou a ser feita então por jornalistas, com a função de mostrar os resultados de todas as pesquisas realizadas pelo conselho.

Grandes eventos de repercussão internacional influenciaram esse *boom* do jornalismo científico no Brasil na década de 1980, como a passagem do cometa Halley (1986), a descoberta da supernova de Shelton (1987), da supercondutividade, o anúncio não confirmado da fusão a frio, as viagens espaciais e as questões ambientais. Em 1992, quando foi realizada no Rio de Janeiro a Conferência das Nações Unidas para o Meio Ambiente e o Desenvolvimento, a *Rio 92*, já era grande o número de jornais que contavam com editorias de C&T e meio ambiente, revistas especializadas e programas de rádio e TV. Fomos a reboque da tendência internacional.

Mas faltava ainda aos jornalistas ou escritores de ciência fundamentos capazes de integrar áreas como a economia e a política a temas ligados a C&T, como comenta o jornalista Ulisses Capozzoli, presidente da ABJC (2001-2002): "Seis bilhões de pessoas só podem sobreviver na superfície deste planeta se a ciência estiver na retaguarda. A ciência que garante a produção, a distribuição de comida, domina pestes e doenças".

Além disso, a produção jornalística para o setor científico sofria algumas deficiências, o que refletia em pouca qualidade de informação. É o que afirma o jornalista Flávio Pardi Dieguez, que trabalhou no jornal *Movimento* na década de 1970: "Quando o *Movimento* fechou, em 1981, a Editora Abril decidiu lançar – por coincidência no mesmo ano – a revista *Ciência Ilustrada*, na qual trabalhei também como editor da área científica. A revista comprava material, mas de pouco valor científico".

No início dos anos 90, as editorias dos grandes jornais estavam se estruturando e abrindo cada vez mais espaço para a produção jornalística nas áreas científica e tecnológica, apesar de, na maioria das vezes, privilegiarem material de conteúdo internacional, sobretudo de fontes americanas de notícias.

As assessorias de imprensa das universidades, instituições de pesquisas e agências de fomento à pesquisa estavam se organizando e passaram a produzir informativos, jornais e revistas, que vêm alimentando consideravelmente os grandes veículos de comunicação do país.

Portanto, existe hoje certo volume de informações disponíveis. No entanto, como já comentamos em artigo publicado na coletânea *Desafios da Comunicação* (2000), a qualidade pode melhorar. O jornalismo científico, se for possível a analogia, mal saiu da fase romântica, resvala muitas vezes no denuncismo e no alarmismo sem fundamento e é incapaz de análises e exposição de contrapontos (tão necessário ao bom jornalismo), como de resto já é corrente na prática do jornalismo econômico e político.

O jornalista da área científica esbarra em dificuldades como o difícil acesso às fontes, pois as entidades e a própria comunidade científica, de modo geral, ainda não levam em conta o papel estratégico que a comunicação com o público representa para a sua própria sobrevivência, salvo raras exceções. Por décadas estiveram acomodadas ao fluxo, contínuo ou não, de recursos financeiros providos pelos poderes públicos, independentemente da opinião pública e das demandas sociais. O excessivo uso de fontes oficiais é, não raro, barreira de complexa transposição, pois em alguns casos nem sequer existe o chamado "outro lado" a ser ouvido. São as áreas de programas governamentais como o espacial e o nuclear, que não dispõem de boas fontes de informação, como é o caso das organizações mais independentes como a universidade ou a indústria privada.

Também faltam ofertas de especialização acadêmica. Atualmente, existem em todo o país apenas um curso de pós-graduação em comunicação de ciência, na Universidade Metodista de São Paulo e cursos de especialização em jornalismo científico no Laboratório de Estudos Avançados em Jornalismo (Labjor/Unicamp), no Núcleo José Reis de Divulgação Científica da ECA-USP e na Universidade de Taubaté (SP). Algumas universidades têm produzido trabalhos de pós-graduação em divulgação e jornalismo científico, como as federais do Rio de Janeiro, Pernambuco e Santa Catarina. A produção acadêmica nessa área só teve início na década de 1980, com a tese de doutorado do jornalista Wilson da Costa Bueno, denominada *Jornalismo Científico no Brasil: os compromissos de uma prática dependente*, defendida na ECA-USP em 1987.

Outro ponto que dificulta a divulgação da ciência brasileira é a forte influência de fontes originárias dos países desenvolvidos no noticiário nacional, facilmente comprovada pelo amplo uso de material jornalístico produzido nas agências noticiosas e governamentais desses países. As informações de C&T chegam diariamente às grandes redações, ricamente documentadas e ilustradas, exigindo pouco esforço editorial. São exemplos claros o material dirigido à imprensa produzido pelo setor de C&T do Serviço de Informação dos Estados Unidos (USIS) e pelo Centro Franco-Brasileiro de Documentação Técnica e Científica (Cendotec) da França.

Iniciativas como essas demonstram claramente a existência de políticas intencionais e sistemas eficientes de divulgação científica nos países desenvolvidos. E o governo destes países toma como sua responsabilidade a iniciativa de promover a comunicação pública da ciência. A sua eficácia pode ser comprovada pelo volume de matérias divulgadas na mídia brasileira sobre os sensacionais avanços da C&T no primeiro mundo, que continua superando a divulgação das realizações brasileiras na área.

Não podemos negar a importância dos temas de C&T dos países desenvolvidos para a prática do JC. No entanto, é necessário buscar equilíbrio na divulgação das informações para que a sociedade brasileira conheça o que está sendo realizado no país e adquira a capacidade de fazer julgamentos racionais sobre a importância da C&T. Com a economia mundial globalizada a partir da década de 1990, a capacidade de autodeterminação de países em desenvolvimento no que diz respeito à aquisição ou produção de conhecimento científico e tecnologias tornou-se ainda mais frágil. O poder concentra-se cada vez mais nas mãos dos países que detêm maior grau de conhecimento e dos grandes grupos econômicos capazes de produção tecnológica em larga escala. Para que o país tenha capacidade de discernir entre o que deve ou não adquirir fora ou produzir internamente, é importante ter uma sociedade esclarecida e bem informada a respeito das políticas e programas de C&T, com conhecimento suficiente para poder influir nas decisões de investimentos e políticas públicas nesta área.

CAPÍTULO III

Conversa com colegas
(o perfil profissional, os conhecimentos na área e a atualidade)

DISCURSO JORNALÍSTICO E DISCURSO CIENTÍFICO

A produção do jornalista e a do cientista detêm aparentemente enormes diferenças de linguagem e de finalidade. Vejamos como. Enquanto o cientista produz trabalhos dirigidos para um grupo de leitores, específico, restrito e especializado, o jornalista almeja atingir o grande público. A redação do texto científico segue normas rígidas de padronização e normatização universais, além de ser mais árida, desprovida de atrativos. A escrita jornalística deve ser coloquial, amena, atraente, objetiva e simples. A produção de um trabalho científico é resultado não raro de anos de investigação. A jornalística, rápida e efêmera. O trabalho científico normalmente encontra amplos espaços para publicação nas revistas especializadas, permitindo linguagem prolixa, enquanto o texto jornalístico esbarra em espaços cada vez mais restritos; e portanto deve ser enxuto, sintético.

O casamento maior da ciência e do jornalismo se realiza quando a primeira, que busca conhecer a realidade por meio do entendimento da natureza das coisas, encontra no segundo fiel tradutor, isto é, o jornalismo que usa a informação científica para interpretar o conhecimento da realidade.

É claro que o jornalismo científico requer, no mínimo, além de bom conhecimento de técnicas de redação, considerável familiaridade com os procedimentos da pesquisa científica, conhecimentos de história da ciência, de política científica e tecnológica, atualização constante sobre os avanços da ciência e contato permanente com as fontes, a chamada comunidade científica.

O uso e o abuso da metalinguagem são excelente recurso para aproximar o público leigo das informações científicas. Quando as pessoas conseguem associar um princípio ou uma teoria científica a alguma coisa que lhes é familiar, fica muito mais fácil a compreensão do assunto, e a comunicação científica torna-se eficaz. Associar, por exemplo, a segunda lei da termodinâmica ao fato de que um corpo mais frio não pode transmitir calor para outro mais quente torna muito mais simples de entender e é tão correto quanto dizer, no jargão científico, que "o fluxo da energia é no sentido do aumento da entropia do sistema".

Forte e certamente escrita para causar impacto, a abertura de uma matéria publicada na primeira edição da *Scientific American Brasil*, em junho de 2002, é um belo exemplo do uso de linguagem emocional, humana, quase apelativa, para tratar de um estudo científico em neurobiologia sobre tema grave e triste, o abuso infantil. O título, "Feridas que não cicatrizam: a neurobiologia do abuso infantil", o autor, Martin H. Teicher, e a abertura:

> Em 1994, a polícia de Boston chocou-se ao descobrir um menino de quatro anos de idade, desnutrido e trancado num apartamento imundo de Roxbury, onde vivia em condições pavorosas. Pior, as mãozinhas da criança tinham sido horrivelmente queimadas. Soube-se que a mãe, viciada em drogas, tinha posto as mãos do menino sob a torneira de água fervente para castigá-lo por ter consumido a comida de seu namorado. A criança ferida não tivera nenhum tipo de assistência médica. A história perturbadora chegou rapidamente às manchetes. Adotado, o menino recebeu enxertos de pele para ajudar as mãos machucadas a recuperar suas funções. Mas, embora as feridas físicas da vítima tenham sido tratadas, descobertas recentes indicam que ferimentos infligidos a sua mente em desenvolvimento podem nunca cicatrizar de todo.

Com esta abertura, capaz de cativar bom número de leitores, o autor desenvolve artigo em que revela que os efeitos causados por abusos e maus tratos na infância vão muito além dos efeitos psicológicos, podendo provocar danos neurológicos irreversíveis. O artigo, recheado de outros exemplos e analogias, mostra o resultado de pesquisas que estão sendo realizadas no McLean Hospital, em Belmont, Massachussets, e na Harvard Medical School, nos Estados Unidos.

O jornalista Ricardo Zorzetto publicou matéria sobre a ocorrência de terremotos em território brasileiro na revista *Pesquisa Fapesp*, em sua edição de julho de 2002. Seu texto ilustra a proposição do uso da informação científica com linguagem clara e objetiva. Segue a abertura:

> No início de maio, três tremores de terra chacoalharam Caruaru, em Pernambuco. Foram abalos de pequenas proporções – o mais intenso atingiu magnitude 3,1, numa escala que vai até 9 – e não assustaram tanto quanto os verificados no final dos anos 80 em João Câmara, no Rio Grande do Norte. Durante quatro anos, de 1986 a 1989, os 30 mil habitantes dessa cidade sentiram o chão balançar, em consequência de uma sucessão de cerca de 40 mil terremotos. Nessa sequência, a mais espetacular registrada no país, dois tremores atingiram magnitude 5, liberando energia equivalente à da bomba atômica de Hiroshima, e danificaram cerca de 4 mil casas.
>
> Essa série de tremores soterrou o mito de que o Brasil está livre de terremotos – ocorrem no país em média de 80 a 90 tremores por ano, quase todos com magnitude inferior a 4 – e originou estudos que comprovam que os tremores – ou, como dizem os geólogos, os sismos – mais recentes, ocorridos nos últimos 10 mil anos, interferem na definição de formas de relevo de modo tão intenso quanto os fenômenos climáticos, principalmente chuvas e vento, que causam erosão. Esses sismos podem ter sido tão decisivos para a esculturação de serras, planaltos e planícies do país quanto às intensas variações climáticas da época das glaciações, no período geológico conhecido como Quaternário, iniciado há 1,8 milhão de anos.

Um trecho de matéria publicada na *Folha de S. Paulo* pela autora deste livro, em 29 de julho de 1988, também pode ser exemplo para sugerir o uso de associações do senso comum para o entendimento de como se sente um astronauta nos primeiros momentos de decolagem de um ônibus espacial. O próprio título escolhido pelo editor já era bem sugestivo.

"É como se estivéssemos em um grande liquidificador", diz astronauta veterano

Silêncio e tensão dentro da cabine dos astronautas do ônibus espacial antecedem os momentos da contagem regressiva para lançamento da nave ao espaço. Os tripulantes, presos aos assentos por cintos de segurança, na cintura e nos ombros, mal conversam entre si, e não tiram os olhos dos instrumentos de operação e controle da espaçonave. (...) Apenas seis segundos antes do lançamento os três motores principais começam a funcionar. No momento exato do lançamento, os motores dos foguetes de combustível sólido são ligados e os tripulantes sentem a espaçonave chacoalhando violentamente, com uma frequência de vibração de 15 ciclos por segundo. "Ainda ficamos parados por cerca de meio segundo na plataforma, como se estivéssemos dentro de um liquidificador gigante. É o meio segundo mais longo que já vivi em minha vida", garante [o astronauta] Byron Lichtenberg.

Logo em seguida, o ônibus espacial se desprende da plataforma. "Neste momento, é como se fôssemos uma pedra sendo atirada por um imenso estilingue. O barulho dos motores e foguetes é forte, mas não o percebemos muito por causa dos capacetes". Dois minutos após o lançamento, a aceleração aumenta para gravidade três, quando, além de toda a vibração, os astronautas, nesse instante com o peso do corpo triplicado, sentem como se tivessem sobre si três pessoas com seu próprio peso empurrando-os para baixo. A espaçonave já está a cerca de 60 km de altitude e os dois foguetes propulsores, já sem combustível, são descartados e caem no mar, sendo mais tarde recuperados.

Lichtenberg conta que a aceleração começa a diminuir bruscamente e chega à. gravidade 1,5. "Nessa hora, temos que nos agarrar aos assentos, pois como braços e pernas não estão presos por cintos de segurança, eles são puxados com força para cima". Após essa primeira desaceleração, o ônibus espacial começa a voar sem vibrações e em silêncio. Mas o sossego dura pouco.

Durante os próximos seis minutos, a aceleração começa a aumentar mais uma vez e, gradualmente, atinge a gravidade três. Os astronautas permanecem tensos, sem conversar, checando os instrumentos com atenção. Nove minutos após a decolagem, o tanque maior de combustível, já vazio, é descartado. Os motores principais são desacelerados e os astronautas sentem o impacto mais violento desses minutos, quando a gravidade passa de três para quase zero. Eles estão a cerca de 300 km de altitude e o ônibus espacial entrou em órbita.

Com essa matéria, a intenção principal da autora foi fazer o leitor sentir-se quase como se fosse astronauta dentro do ônibus espacial. O próprio uso de princípios do método científico em muito se assemelha à prática do bom jornalismo investigativo, e não por acaso alguns cursos de jornalismo no país já começam a introduzir a iniciação científica como disciplina em seus currículos. Definir tema (assunto), elaborar hipóteses (pauta), coletar dados (entrevistas com as fontes), testar as hipóteses (checar as informações), priorizar os dados (hierarquia das informações), escrever o trabalho (a matéria) e publicar são procedimentos que se aplicam tanto à pesquisa científica quanto ao jornalismo. Guardadas as devidas proporções, é claro.

Outra coisa importante a ressaltar é que, ao contrário do que muitos pensam, o jornalismo científico não se restringe à cobertura de assuntos específicos de C&T, mas o conhecimento científico pode ser utilizado para melhor compreender qualquer aspecto, fato, ou acontecimento de interesse jornalístico. Assim, a informação científica pode estar presente em qualquer editoria: geral, de política, de economia e até de polícia e de esportes. A ciência ajuda a entender os fenômenos sociais e a interpretar as causas e consequências dos fatos de interesse jornalístico. Se há uma enchente, por exemplo, assunto que costuma ser divulgado na editoria de cidade ou na geral, o jornalista pode conversar com meteorologistas para entender o fenômeno natural.

Um dos jornalistas brasileiros que melhor usava e abusava da informação científica para contextualizar seus textos foi Euclides da Cunha, nas matérias que produziu para o jornal *O Estado de S. Paulo*, no final do século XIX, sobre o conflito de Arraial de Canudos, no interior da Bahia. Euclides, que além de jornalista era engenheiro civil e apaixonado pela ciência, buscou interpretar o confronto dos habitantes miseráveis da região contra o Exército, liderados pelo fanático messiânico Antônio Conselheiro, falando do meio ambiente hostil e da influência deste na constituição física e psicológica do homem nordestino. Fez alongadas considerações sobre a geomorfologia nordestina, comparando-a com a de outras regiões do Brasil, e como em cada uma se observa um tipo humano com características distintas, marcadas pela interação com o espaço físico que ocupam. Apesar da linguagem já ultrapassada para o jornalismo moderno, é livro imprescindível e exemplar da história do jornalismo no Brasil, mais ainda, de jornalismo interpretativo que utiliza a informação científica para entender a realidade.

A informação científica permite ao jornalista visão mais sistêmica e contextualizada dos fatos noticiosos, ao contrário da visão fragmentada e descontinuada que muitas vezes predomina no noticiário.

O RELACIONAMENTO COM AS FONTES

Durante mais de duas décadas temos acompanhado o trabalho de cientistas, os caminhos tortuosos do sistema governamental para C&T e a cobertura jornalística na área. Um fato que sempre nos chamou a atenção no relacionamento entre jornalistas e cientistas é a falta de visão crítica e a atitude de certa subserviência em relação aos porta-vozes da ciência. Tanto a imprensa quanto a sociedade parecem enxergar a ciência – e os cientistas – de forma ainda maniqueísta: ou como panaceia para todos os males ou como destruidora da natureza.

Jovens jornalistas, sobretudo, caem com frequência no risco do deslumbramento quando se deparam com um PhD e aí os perigos são muitos. Medo de admitir que não sabe do que o cientista está falando e de fazer perguntas simples do tipo "mas poderia me explicar o que significa esta palavra?", receio de pedir ao pesquisador que dê exemplos são comuns. A consequência é desastrosa. O jornalista vai anotando tudo que o cientista fala, sem entender muito do que escreve, e na hora de redigir o texto, ou repete o que copiou ou tenta traduzir o que não entendeu. E se o jornalista não entendeu, o leitor vai entender menos ainda. O bom jornalista não deve nunca ter receio de perguntar e de admitir que não sabe. Ainda que a resposta seja óbvia para o cientista, que convive diariamente com suas pesquisas e com seu jargão, pode não sê-lo para o jornalista e muito menos para o público.

Embora ao longo desses anos o jornalismo científico venha passando por lento processo de amadurecimento, ainda é limitada em nossa imprensa a preocupação de tratar a informação científica com mais rigor quanto à validade e, em alguns casos, à veracidade. E isto é corriqueiro no jornalismo de economia, de esporte, de política e de cultura. Dirão alguns que em ciência a coisa é mais complicada e que, dentro de sua área, só o cientista sabe do que está falando. A falta de abordagem mais criteriosa leva à publicação de informações equivocadas e à visão estereotipada da ciência.

Falando em estereótipos, observamos também que, do lado dos cientistas, existem alguns tipos marcantes na forma como se relacionam com os jornalistas. Temos o cientista torre de marfim, que odeia falar com a imprensa e não acredita que os jornalistas de modo geral tenham competência para escrever sobre ciência; o cientista São Tomé, que fala mas com grandes restrições, quer ver a matéria antes de ser publicada – o que é quase impossível no jornalismo diário –; o cientista socialite, que quer aparecer a qualquer custo e às vezes mais fala com a imprensa do que pesquisa; e por último o cientista bom samaritano, o que tem a exata noção da dimensão social de seu trabalho e que vê no jornalismo científico a possibilidade de transmitir ao público a relevância que seu ofício pode ter para a sociedade. Felizmente, é cada vez maior o número de cientistas que têm esta consciência.

Um vício recorrente no jornalismo científico é o oficialismo excessivo das fontes de informação, principalmente das entidades governamentais de pesquisa, que predominam no cenário científico brasileiro. Dirigentes de entidades de pesquisa, não nos esqueçamos, têm cargos públicos de confiança, e portanto sua opinião é condicionada ao posto que ocupam. Mesmo sendo cientistas estão, momentaneamente, na posse de posição política. O bom jornalismo reza que sempre devemos ouvir dois ou mais lados da história, mas acontece que no domínio político da ciência muitas vezes nem sequer existe outro lado para ouvir. É possível que em alguns casos não haja muito o que fazer, mas o bom jornalista científico, que vive "antenado", tem hoje à disposição inúmeras fontes alternativas de informação nas organizações não governamentais, associações científicas, universidades e no mundo aberto da internet.

No caso específico das novidades científicas, alguns cuidados devem ser tomados para evitar as famosas "barrigas" no jornalismo. Nos Estados Unidos, os jornalistas científicos têm como norma não divulgar nenhuma notícia sobre nenhum fato científico sem antes vê-la publicada em periódico indexado e reconhecido pela comunidade acadêmica. É o mesmo critério que os próprios cientistas adotam para validar um trabalho científico. Novamente, vemos que o deslumbramento e o receio de questionar o cientista podem acabar prejudicando a qualidade e às vezes comprometendo a veracidade da informação. Cientistas, como outras fontes, podem enganar-se ou dar informações precipitadas, ainda não confirmadas cientificamente. Este risco existe, e o jornalista, como em qualquer outro assunto que vai cobrir, deve manter ligados o senso crítico e a capacidade de questionamento.

Outro desafio frequente para o jornalista é a cobertura de eventos técnico-científicos como congressos e simpósios. Assistir às palestras, ler os anais com resumos ou trabalhos completos em linguagem científica certamente é necessário, mas absolutamente insuficiente. Nada disto pode dispensar entrevistas com os pesquisadores-autores, pois o jornalista dificilmente poderá interpretar sozinho as informações de um artigo científico, a não ser que seja muito experiente na cobertura de determinada área do conhecimento. Além das entrevistas, hoje boa parte das renomadas instituições de pesquisa e das universidades conta com o trabalho de assessores de imprensa que, quando bons profissionais, se colocam como pontos de apoio, verdadeiras pontes entre os cientistas e os jornalistas.

Divulgar ciência é acima de tudo ação política e estratégica, e o jornalista deve estar atento a isto. Não se pode divulgar ciência com a apatia do *Almanaque do Biotônico Fontoura*, que na nossa infância encontrávamos nos balcões das farmácias, com centenas de curiosidades científicas do tipo "você sabia que...". Os interesses políticos e econômicos são imensos na área de C&T e, assim, a manipulação da informação é sempre um risco a ser considerado.

O MERCADO DE TRABALHO

Grandes jornais brasileiros têm aumentado a cobertura em C&T, criando, notadamente a partir de meados da década de 1980, editorias e seções específicas. No entanto, desde meados dos anos 1990 tem havido retração crescente dos jornalistas nas empresas tradicionais de comunicação: os jornais, as revistas, as emissoras de rádio e de TV. Isto se reflete naturalmente no jornalismo científico, cujo número de jornalistas que cobrem sistematicamente a área é bastante reduzido.

Os veículos de médio e de pequeno porte comumente têm se mantido alheios a pautas científicas, sendo ainda precária a cobertura que dão a C&T. Na maioria das vezes, as matérias limitam-se ao *copy and paste* de agências noticiosas ou dos próprios grandes veículos.

Quanto às revistas, o mercado de jornalismo científico é também limitado, o que se percebe pela expressiva quantidade de publicações disponíveis nas bancas. Revistas especializadas com maior circulação são a *Superinteressante* (Editora Abril), e a *Galileu* (Editora Globo), embora outras tangenciem temas científicos quando tratam de ecologia ou geografia física e humana como a *Globo Rural*, na área agrícola, *Terra* (Abril) e *Horizonte Geográfico*, entre outras. Em 2002 a grande novidade no mercado de revistas científicas foi o lançamento da edição brasileira da *Scientific American*, uma das mais antigas e tradicionais revistas do gênero no mundo, com versões em diversos idiomas.

Fazendo análise do jornalismo impresso brasileiro, percebemos a valorização do noticiário internacional em detrimento da cobertura nacional. Em muitos grandes veículos, as matérias se restringem às descobertas internacionais, amplamente divulgadas nas agências, enquanto que os avanços da ciência no país ainda não ocupam espaço relevante na mídia.

Nos meios de comunicação eletrônicos, a situação é semelhante. Alguns poucos programas se propõem a cobrir C&T, muitos deles inseridos em horários ingratos. A boa novidade nesta área é o canal Futura, iniciativa da Fundação Roberto Marinho e de empresas privadas, que está disponível apenas em antenas parabólicas. Com programação de 24 horas voltada para o conhecimento, o Futura abre espaço importante para a ciência.

Os telejornais também fazem a cobertura, mas com a mesma característica dos veículos impressos: muita notícia internacional, pouca notícia de pesquisas brasileiras.

A maioria dos jornalistas especializados em C&T fala das dificuldades no início da cobertura do tema. O principal motivo apontado por eles está relacionado à falta de cultura científica no país. Ocorre que também são poucos os formandos que têm oportunidade de ver no jornalismo científico uma boa possibilidade de desenvolvimento profissional e intelectual. De modo geral, os cursos de jornalismo não têm se preocupado em colocar nas suas grades curriculares disciplinas sobre a cobertura especializada em C&T.

Empresários e donos de jornal mostram-se igualmente insensíveis ao investimento em novas publicações. Sem falar da própria dificuldade em encontrar fontes, que muitas vezes não assimilaram a importância da divulgação do seu trabalho ao grande público.

O mercado de trabalho para jornalistas que querem atuar nas assessorias de imprensa de órgãos e institutos de pesquisa é bastante promissor. Mas, conforme a opinião de profissionais de vários veículos, a área precisa ser aprimorada. Existem muitas universidades que, apesar de despontar como produtoras em potencial de notícias sobre ciência, não contam com assessoria de imprensa profissional eficaz.

Entre as que se destacam na divulgação científica, a assessoria de imprensa da USP (Universidade de São Paulo) e a da Unicamp (Universidade Estadual de Campinas) são sempre bem lembradas pelos jornalistas que cobrem a área. Outro trabalho que desfruta de bom conceito é o da Fapesp (Fundação de Amparo a Pesquisa do Estado de São Paulo), que edita a revista *Pesquisa Fapesp*, publicação que gera pautas para as editorias de C&T de jornais, revistas, emissoras de rádio e de televisão. Recentemente essa revista passou a ser vendida em bancas de jornal. Também fora do eixo Rio – São Paulo outras entidades têm se destacado pelo bom trabalho de divulgação científica realizado por jornalistas, como a Agecom (Agência de Comunicação) da Universidade Federal de Santa Catarina (UFSC), responsável pelo primeiro guia de fontes científicas para jornalistas, publicado desde 1993; o Museu Paraense Emilio Goeldi, de Belém; e a revista *Minas Faz Ciência*, publicada pela Fundação de Amparo à Pesquisa de Minas Gerais (Fapemig).

A OPINIÃO DOS PESQUISADORES

O número de jornalistas que atuam na área de pesquisa acadêmica também é ainda bastante reduzido, mas vem dando crescentes sinais de vitalidade. Pequenos grupos de pesquisa, além de pesquisadores individuais, encontram-se principalmente em universidades de São Paulo e do Rio de Janeiro, como a USP, a Unicamp, a UMESP (Universidade Metodista de São Paulo) e a UFRJ (Universidade Federal do Rio de Janeiro). Trabalhos pontuais têm se desenvolvido também na UFPE (Universidade Federal de Pernambuco), na UnB (Universidade de Brasília), na UFSC (Universidade Federal de Santa Catarina) e na Universidade de Campina Grande, da Paraíba. Os poucos pesquisadores dedicados aos estudos de divulgação e jornalismo científico acreditam no gradual crescimento do setor de pesquisa nessa modalidade jornalística.

Para Wilson da Costa Bueno, da UMESP, o Brasil não está em desvantagem em relação a outros países ibero-americanos. O que acontece é que no país há falta de massa crítica na área. "Os trabalhos desenvolvidos na academia só agora começam a se consolidar, mas o futuro é promissor", afirma.

Segundo ele, o jornalismo científico é contribuição fundamental para a democratização do conhecimento. O pesquisador diz que o espaço dado à divulgação de C&T é ainda insuficiente. "Falta maior consciência dos editores, maior capacitação dos jornalistas e disposição de parceria por parte dos pesquisadores". Bueno tem quase 30 anos de experiência e começou a se interessar pela pesquisa sobre a área no início da década de 1980.

Sobre a atuação das assessorias de imprensa de instituições de pesquisa e universidades, Bueno lembra que há gradações a considerar. "De maneira geral, as universidades e instituições de pesquisas, salvo algumas exceções, não têm cultura de comunicação e, portanto, dedicam pouca atenção ao processo de divulgação", avalia.

Isaltina Maria de Azevedo Mello Gomes, professora e pesquisadora da Universidade Federal de Pernambuco, também acredita no crescimento da pesquisa científica no país nessa área. Para ela, o jornalismo científico é fator que inclui os cidadãos no processo de desenvolvimento de C&T. "O jornalismo científico contribui para diminuir a distância entre o cidadão comum e a elite científica. Também funciona como mecanismo que possibilita à elite prestar contas à sociedade, que é quem acaba financiando as pesquisas".

Para a jornalista, professora e pesquisadora Graça Caldas, do programa de pós-graduação em comunicação científica da UMESP, as pesquisas sobre jornalismo científico têm sido realizadas da perspectiva de análise do conteúdo, o que é importante, porém insuficiente, dada a função estratégica da C&T. "Entendo que as pesquisas devem discutir mais temas voltados para a política científica e sua relação com a mídia, a comunicação pública da ciência (incluindo museus, teatro, música), entre outras manifestações que contribuam para a alfabetização científica."

POSSIBILIDADES DE FORMAÇÃO E ESPECIALIZAÇÃO

Apesar da grande demanda existente hoje nessa área, ainda são poucas as possibilidades de especialização e aperfeiçoamento para jornalistas. Atualmente, existe em todo o país apenas um curso específico de pós-graduação *stricto sensu* em Comunicação de Ciência, na Universidade Metodista de São Paulo (UMESP, São Bernardo do Campo, SP), cursos de especialização em jornalismo científico no Laboratório de Estudos Avançados em Jornalismo (Labjor – Unicamp,

Campinas, SP) e na Universidade de Taubaté (Unitau, SP), além de outras ofertas acadêmicas que contemplam o jornalismo científico como disciplina optativa. É crescente o número de jornalistas que se vinculam a programas de pós-graduação em jornalismo, comunicação ou história da ciência e desenvolvem projetos de pesquisa em divulgação e jornalismo científico.

As poucas alternativas acadêmicas, no entanto, não deveriam ser o principal empecilho para a especialização em jornalismo científico. Alguns pré-requisitos fundamentais como fluência na língua inglesa abrem um leque de oportunidades de especialização no exterior, onde existem inúmeros cursos de pós-graduação e aperfeiçoamento em centros de excelência de países como os Estados Unidos, a Inglaterra, a França, a Espanha, a Itália, a Holanda, a Bélgica e a Alemanha.

As agências governamentais também começam a se preocupar com a formação de profissionais para o aperfeiçoamento do jornalismo científico. No final de 1999, a Fundação de Amparo à Pesquisa do Estado de São Paulo (Fapesp) lançou o Programa Mídia Ciência, constituído de uma linha de auxílio por meio de bolsas para jornalistas inscritos em cursos de especialização e pós-graduação em divulgação científica. O programa poderá contribuir com o surgimento de novos cursos de formação de jornalistas científicos no estado de São Paulo. Este parece ser sinal claro de que a comunidade científica brasileira toma consciência da relevância do jornalismo científico como instrumento imprescindível para a formação de cultura científica em nosso país.

Atrair a atenção de um número crescente de novos jornalistas sobre a importância da divulgação científica é missão que pode ser assumida pelas escolas de jornalismo, pelos cursos de pós-graduação e pelas associações de jornalistas.

Um exemplo dessa possibilidade é o curso de jornalismo da Universidade do Vale do Paraíba (Univap), em São José dos Campos, SP, onde em 2001 iniciamos um programa curricular de projetos experimentais voltados para a divulgação da ciência, da tecnologia e do meio ambiente na região do Vale do Paraíba. Na agência experimental Anima (alma, em latim), os alunos, orientados por professores, produzem o jornal *Foca em Foco*, veiculado mensalmente pelo diário *ValeParaibano*, com tiragem de 20 mil exemplares; o site Anima; o programa de rádio *Espaço Univap*, veiculado pela rádio Mensagem; e um programa de TV está sendo produzido para ser divulgado pela TV Setorial, de Pindamonhangaba, SP. Também na grade curricular introduzimos, desde o primeiro ano, disciplinas voltadas para a iniciação científica, de modo a familiarizar o aluno com os métodos e procedimentos da ciência. É experiência recente, mas que já começa a produzir bons frutos e a contar com o envolvimento crescente de professores e alunos.

É no nível universitário que os futuros jornalistas têm a melhor chance para conscientizar-se da relevância da ciência e da tecnologia. É na universidade que se pode dar início à visão crítica da ciência e de seus processos.

A ÉTICA É UNIVERSAL

Em maio de 1992, foi realizado, em Belo Horizonte, o Encontro Internacional de Imprensa, Meio Ambiente e Desenvolvimento, o *GreenPress*, com a presença de 955 jornalistas, profissionais de comunicação e ambientalistas de 30 países. O evento antecedeu a Conferência da ONU sobre Meio Ambiente e Desenvolvimento, a *Rio 92*, e buscou discutir a postura de jornalistas de todo o mundo na cobertura de questões ambientais. Como resultado da reunião foi divulgada a *Carta de Belo Horizonte*, que expressava uma série de princípios éticos a serem seguidos no jornalismo ambiental, como o livre acesso a fontes de informação, a divulgação da pluralidade de pontos de vista e o comprometimento com a qualidade de vida do planeta.

Durante o *GreenPress* tivemos a oportunidade de falar em público sobre a ética do jornalismo nas questões ambientais, que certamente é hoje um dos principais temas do jornalismo científico. Retratamos o nosso pensamento sobre a ética do jornalismo nessa área, recorrendo a uma fase da história brasileira, o período do regime militar, quando a imprensa brasileira – tanto os jornalistas como alguns empresários da comunicação – adotou posição de resistência à censura e à falta de liberdade de expressão. Foi um período em que passamos a encarar a nossa profissão como instrumento revolucionário de libertação. Os jornalistas e alguns de seus patrões pareciam unidos por uma causa comum.

Com o fim do governo militar, vemos que a realidade da imprensa e dos jornalistas mudou radicalmente nos últimos 17 anos. As empresas jornalísticas se estabeleceram, cada vez mais, como grandes grupos econômicos. E nós, jornalistas, passamos a disputar mercado de trabalho acirradamente competitivo. Nesta disputa, cujos campeões são os que conseguem produzir o maior número de manchetes de primeira página, perdem os leitores com a avalanche de informações que recebem diariamente e com a baixa qualidade de boa parte do noticiário. Isto, que não ocorre só no Brasil, faz da ética jornalística questão muitas vezes vencida e até ultrapassada. No entanto, entendemos que a ética do jornalista é e deve continuar sendo universal, como o é a do médico, do advogado, do professor, e de tantos outros que exercem profissões universais. É universal porque nós, jornalistas, e os meios de comunicação, temos responsabilidades semelhantes às do médico, do advogado e do professor. Está em nossas mãos boa parcela das possibilidades de tratar da saúde, de julgar e de ensinar a população. São responsabilidades cruciais para a formação da consciência e do desenvolvimento de uma sociedade.

Somos de uma geração que saiu das escolas de jornalismo com a esperança de que esta era profissão capaz de influir como agente de transformação social. Hoje vemos que não existe agente transformador de curto prazo, a não ser as guerras e as revoluções que, assim mesmo, são precedidas por longos processos de luta. Mas, até por questão de sobrevivência, não perdemos a esperança de que o nosso trabalho de jornalista carrega a essência da transformação.

As questões do meio ambiente e do desenvolvimento oferecem oportunidade especial de discutirmos a ética de nossa profissão. Acreditamos que, nestas questões, o maior princípio ético a ser perseguido é o da universalidade de nosso trabalho. Ser universal é tratar o problema local com a consciência de que ele está vinculado a contextos sociais, econômicos e políticos que têm origens globais e consequências que a médio e a longo prazo também podem vir a ser globais.

Um exemplo claro do que falamos foi a tragédia da Vila Barraginha, ocorrida em Belo Horizonte, em janeiro de 1992, quando centenas de pessoas morreram no desmoronamento de suas moradias em encostas de morros. Os moradores da Vila Barraginha foram manifestar seu protesto contra os problemas que estavam vivendo após a tragédia para os jornalistas reunidos no *GreenPress*. Deram uma lição. Tragédias dessa natureza não são acidentais. Têm causas sérias, que vão desde as raízes da colonização dos países do Terceiro Mundo até o consequente subdesenvolvimento e a ausência de administrações públicas que atendam às necessidades básicas da população.

Pecamos, como jornalistas, quando não expomos essas causas, e pecamos mais ainda quando não acompanhamos as consequências. A tragédia. da Vila Barraginha foi manchete por alguns dias e até notícia no exterior. Mas o sofrimento e o abandono dos sobreviventes deixam de ser manchete. E foi isto que os moradores foram denunciar aos jornalistas; foram nos lembrar de nossa obrigação.

A ética universal do jornalismo sobre o meio ambiente e o desenvolvimento deve negar a visão exclusivamente mercantilista do jornalismo e recuperar a sua função de agente transformador social e político. Para isto devemos estar preparados. Precisamos nos especializar e ter a ambição do conhecimento, que é o maior instrumento de poder. O jornalista que quer fazer trabalho sério de cobertura das questões ambientais deve saber sobre o que está falando. Deve sempre ter em mente, em qualquer tipo de cobertura jornalística, que o processo de produção científica e tecnológica é atividade estritamente humana, e que a ciência por si só não é capaz de salvar ou destruir o planeta, mas sim o uso que dela se faz.

CAPÍTULO IV

A visão romântica na área espacial

FASCÍNIO E DISTANCIAMENTO

Na pesquisa realizada pelo Instituto Gallup, em 1986, sobre "O que o brasileiro pensa da Ciência e da Tecnologia?", citada na Introdução, foi feita esta pergunta aos entrevistados: "Neste cartão estão vários campos de atividades científicas. Em quais você acha que o governo deveria gastar menos do que gasta atualmente?". Os campos apresentados eram viagens espaciais e satélites; energia nuclear; armas e defesa militar; robôs e mecanização industrial; biotecnologia e engenharia genética; informática e computação e novas formas de energia. De acordo com o resultado da pesquisa, "a prioridade na contenção dos gastos públicos com respeito à pesquisa científica e tecnológica está nos programas espaciais (62%), em particular nas classes médias e baixas (64% na B, C e D) e entre os que têm algum interesse por ciência (63%)". Este índice de rejeição foi maior do que nas áreas de energia nuclear (54%), de armas e defesa militar (48%).

Antes de qualquer conclusão precipitada sobre os resultados dessa pesquisa, seria necessário outro estudo para entender o que representam no imaginário popular as atividades ou os programas espaciais. Viagens interplanetárias, guerra nas estrelas, ogivas nucleares atravessando o espaço para atingir alvos inimigos do outro lado do planeta, explosão do ônibus espacial – a pesquisa do Gallup foi realizada no ano em que explodiu o Challenger, em janeiro de 1986 – e astronautas flutuando no espaço e mexendo em cabos emaranhados sabe-se lá para quê. Enfim, uma aparente imensidão de gastos públicos que, além do fascínio que a conquista espacial representa, parece ter pouca relação com o dia a dia das pessoas.

No início da década de 1980, quando o Brasil começou a construir o seu primeiro satélite, o mundo ainda não estava interligado por redes de computadores que utilizam satélites para suas comunicações. Nos países em desenvolvimento as previsões de tempo e clima eram – e em alguns casos ainda são – precárias, e faziam pouco uso de informações orbitais. Até a década de 1970, as comunicações por telefone eram extremamente difíceis, pois dependiam principalmente de cabos se entrelaçando pelas cidades brasileiras, raramente chegando às zonas rurais, e muito menos às grandes áreas de difícil acesso como a Amazônia e o Pantanal. Na década de 1970, foi feito mapeamento da Amazônia, e mais tarde de todo o país, que levou meses de longos e cansativos voos de aeronave, já que as imagens de satélites de sensoriamento remoto, apesar de utilizadas, ainda não apresentavam a qualidade que têm hoje. A TV por satélite só chegou aqui em 1970, quando pela primeira vez milhões de brasileiros puderam assistir ao vivo à transmissão da Copa do Mundo.

Caso o Brasil tivesse esperado talvez uns dez anos a mais para dar início a um programa de desenvolvimento de satélite, certamente hoje – e por muito tempo ainda – estaria na condição desvantajosa de ser apenas usuário das tecnologias espaciais, sem nenhum poder de barganha, sem condições para competir, como é esta a situação da maioria dos países.

A tecnologia e as aplicações espaciais estão hoje arraigadas no cotidiano das sociedades, e por meio delas assistimos ao advento de um mundo globalizado – a chamada "aldeia global", preconizada por Marshall McLuhan, na década de 1970, e o mundo integrado por satélites antevisto por Arthur Clarke, em 1945. Mas nos países de economias periféricas e carentes de cultura científica, ainda está distante do grande público o conhecimento sobre as fortes implicações político-econômicas e os possíveis benefícios sociais que essa tecnologia acarreta.

A divulgação na área de atividades espaciais oferece características relevantes para consideração. Primeiro o fato de ter sido pouco acessível à opinião pública durante todo o regime militar, pois neste período era considerada uma das áreas estratégicas para a segurança e a soberania nacionais. O desenvolvimento da tecnologia espacial – no Brasil ainda totalmente controlado pelo governo – acarreta soma considerável de recursos públicos cuja utilização e cujo retorno para a sociedade poderiam ser mais bem discutidos e conhecidos. Por último, trata-se de área de C&T que desperta bastante curiosidade nas pessoas. Mais que curiosidade, o uso do espaço pelo homem desperta o fascínio pelo muito de desconhecido que representa para grande parte da sociedade brasileira e, por que não dizer, de sociedades cuja ciência e tecnologia – em especial tecnologias chamadas de portadoras do futuro, como é a espacial – ainda estão desassociadas do cotidiano das pessoas. Além do desconhecido, existe o forte apelo psicofilosófico configurado no espaço exterior, no cosmos, como depositário potencial das respostas que um dia possamos encontrar sobre nossa origem e nosso destino – a mais antiga das questões que intrigam o ser humano desde que adquiriu a capacidade de racionar: de onde viemos e para onde vamos.

ORIGENS E ATUALIDADE

Em 17 de maio de 1961, o presidente Jânio Quadros nomeou comissão para "estudar e sugerir a política e o programa de investigação espacial brasileira e propor medidas para implementação das pesquisas nesse campo", conforme decreto publicado no Diário Oficial da União desse dia. A comissão era composta pelo almirante Octacílio Cunha, então presidente do Conselho Nacional de Pesquisas (CNPq); pelo coronel Aldo Vieira da Rosa, diretor do IPD/CTA (Instituto de Pesquisa e Desenvolvimento do Centro Técnico Aeroespacial); e pelos presidentes da SIB (Sociedade Interplanetária Brasileira), Luiz de Gonzaga Bevilacqua e Thomas Pedro Bun. No dia 15 de junho seguinte, a comissão encaminhou à Presidência da República relatório propondo a criação de Grupo de Organização da Comissão Nacional de Atividades Espaciais (Gocnae) com as atribuições iniciais de formar pessoal especializado e de desenvolver atividades nas áreas de radioastronomia, astronomia, rastreio óptico de satélites e comunicações por meio de satélites.

As novidades espaciais causavam grande sensação em todo o mundo. No dia 12 de abril de 1961, o cosmonauta soviético Yuri Alexeievitch Gagarin realizava o primeiro voo espacial tripulado, comandando a nave espacial Vostok 1, que completou uma volta ao redor da Terra em 108 minutos. No Brasil, o presidente Jânio Quadros, que demonstrava ter fascínio pelas coisas do espaço e pelo nacionalismo dos países socialistas, resolveu condecorar o comandante Gagarin em sua visita ao Brasil, em julho desse ano. Poucos dias depois, em 3 de agosto de 1961, o presidente da República assinava o decreto de criação do Gocnae, que mais tarde deu origem ao INPE – como uma das unidades subordinadas ao CNPq – com atribuições que incluíam a coordenação, o estímulo e o apoio aos trabalhos e estudos relacionados com as atividades espaciais; e a execução dos projetos de pesquisas espaciais.

A primeira diretoria do Gocnae tomou posse no dia 22 de janeiro de 1962, na sede do CNPq, no Rio de Janeiro (RJ). Era assim constituída: presidente: coronel Aldo Vieira da Rosa (Aeronáutica); membros do grupo executivo: coronel Alnyr Maurício (Exército), almirante João Botelho Machado (Marinha) e coronel Sérgio Sobral de Oliveira (Aeronáutica); membros do conselho: Luiz Gonzaga Bevilacqua, Thomas Pedro Bun, Lincoln Eduardo de Souza Bittencourt, civis e representantes da Sociedade Interplanetária Brasileira.

O INPE é a principal instituição civil brasileira responsável pelo desenvolvimento de ciência e tecnologia espaciais. Além do INPE, o governo brasileiro realiza atividades espaciais na área militar desde junho de 1964, quando o Ministério da Aeronáutica criou o Grupo Executivo de Trabalho e Estudos de Projetos Espaciais (Getepe), com a missão inicial de construir o Centro de Lançamentos da Barreira do Inferno (CLBI), em Natal (RN). O Getepe foi extinto e substituído pelo Instituto de Atividades Espaciais (IAE, atualmente Instituto de Aeronáutica e Espaço), subordinado ao Centro Técnico Aeroespacial (CTA), por meio de portaria assinada pelo presidente general Emílio Garrastazu Médici, em 20 de agosto de 1971. O IAE, como o INPE sediado em São José dos Campos (SP), passou a ser responsável pelo desenvolvimento de foguetes lançadores.

Foi também o general Médici que assinou o Decreto 68.099, de 20 de janeiro de 1971, criando a Comissão Brasileira de Atividades Espaciais (COBAE), com o objetivo de assessorar a Presidência da República no estabelecimento das diretrizes da Política Nacional de Desenvolvimento das Atividades Espaciais (PNDAE). A COBAE passou a ser presidida pelo chefe do Estado Maior das Forças Armadas (EMFA); era formada por representantes do Ministério da Aeronáutica, do Exército, da Marinha, das Relações Exteriores, da Fazenda, da Educação e Cultura, do Planejamento, das Comunicações, do Conselho de Segurança Nacional e do CNPq. Três meses após a criação da COBAE, em 22 de abril, o presidente Médici assinou o Decreto 68.532 extinguindo o Gocnae e criando o Instituto de Pesquisas Espaciais (INPE), que permaneceu subordinado ao CNPq. Em parágrafo único do artigo 2º, o decreto diz: "o INPE é o principal órgão de execução para o desenvolvimento das pesquisas espaciais, no âmbito civil, de acordo com orientação da COBAE".

A ideia original de criação no Brasil de entidade voltada para a investigação espacial partiu, na verdade, de membros da antiga Sociedade Interplanetária Brasileira (SIB), particularmente de Luiz de Gonzaga Bevilacqua, aficionado da Astronáutica e fundador do Aeroclube de Bauru (SP), e do engenheiro de São Paulo, Thomas Pedro Bun, então presidente da SIB. Em novembro de 1960, eles participaram da primeira Reunião Interamericana de Pesquisas Espaciais, em Buenos Aires, Argentina, na qual se estipulou que as sociedades congêneres nacionais deveriam incentivar a formação de comissões nacionais governamentais ou o apoio estatal para maior atividade em pesquisa espacial. No dia 20 de fevereiro de 1961, Bevilacqua foi a Brasília e entregou pessoalmente ao presidente Jânio Quadros carta na qual a SIB propunha a criação no Brasil de uma entidade voltada para a pesquisa espacial, que de fato desencadeou o processo de criação do Gocnae, posteriormente INPE.

Mas como vimos, a introdução da área espacial no Brasil, ainda no governo de Jânio Quadros, é desde o início dirigida por equipe composta de militares. Esta área recebe o primeiro grande impulso de reconhecimento institucional no governo do general Médici, que apesar de manter o INPE subordinado ao CNPq, condiciona as suas diretrizes – como órgão de execução – às orientações ditadas pela COBAE, organismo presidido pelo chefe do EMFA. Assim foi até 10 de fevereiro de 1994, quando o presidente Itamar Franco assinou a Lei nº 8.854, criando a Agência Espacial Brasileira (AEB), entidade civil que substituiu a COBAE no planejamento e na execução da política espacial do país.

O RELACIONAMENTO COM A IMPRENSA

Quem conhece a sede do INPE, em São José dos Campos, sabe o quanto ela impressiona o visitante de primeira viagem. Largas alamedas cercadas por pinheiros majestosos, jardins e gramados cuidados com esmero, prédios baixos modernos e laboratórios que, aparentemente, nada deixam a desejar para as instalações de universidades e instituições de pesquisa do primeiro mundo. Nenhum outro instituto do MCT tem instalações tão privilegiadas, esteticamente, como o INPE, que também é um dos institutos mais bem aquinhoados com verbas.

Quando ingressamos no Instituto em fevereiro de 1982 para trabalhar na área de comunicação, governava o país o general João Batista Figueiredo, último dos presidentes do regime militar de 1964. O INPE era instituição ainda fechada, pouco afeita ao trato cotidiano com a mídia, e a comunidade de pesquisadores e engenheiros também era avessa ao atendimento à imprensa. A assessoria de comunicação social, embora não existisse oficialmente na estrutura do instituto, contava com dois jornalistas profissionais; uma fotógrafa, dois publicitários, uma pessoa responsável pelo atendimento aos visitantes e outra, pela organização de eventos. Este grupo estava instalado em um setor denominado Departamento de Difusão e Documentação (DDD), que entre outras atribuições era responsável pela biblioteca central, pelas áreas de cooperação e planejamento, e até mesmo por um avião de aerolevantamento.

Os produtos de comunicação desenvolvidos na época eram um jornal tabloide mensal chamado *Espacial*, criado em 1971, e um boletim interno. Não existia arquivo de noticiário e dificilmente eram produzidos comunicados para a imprensa. O *Espacial*, com oito páginas, apesar de desde o início ter sido produzido por jornalistas, publicava com frequência textos de pesquisadores internos, com linguagem técnica pouco acessível ao público leigo. Uma das maiores dificuldades encontradas nos primeiros meses foi convencer os pesquisadores de que nós, os jornalistas da assessoria, éramos capazes de redigir matérias baseadas em suas entrevistas. No convívio com a imprensa a coisa era ainda mais complicada. Os pesquisadores, de modo geral, mostravam grande desconfiança em relação aos jornalistas que, por sua vez, eram quase sempre despreparados para realizar entrevistas sobre os projetos na área espacial. O material de divulgação para subsidiar o trabalho da imprensa era pobre e os *press-releases*, quando começamos a enviá-los, tinham de ser previamente autorizados pelo chefe do departamento e pelo diretor geral. Depois de confeccionados na gráfica e envelopados, seguiam pelo correio. Ou seja, quando chegavam às redações já estavam caducos.

Aos poucos o trabalho foi se aperfeiçoando. Os *press-releases* começaram a ser enviados por telex, e os pesquisadores – sempre existem os que desenvolvem habilidade especial para falar com a imprensa – começaram a nos procurar para divulgar suas pesquisas e projetos. Os jornalistas foram gradativamente "descobrindo" o INPE. A situação começou a melhorar consideravelmente a partir de março de 1985, quando, no primeiro governo da Nova República, o presidente José Sarney criou o Ministério da Ciência e Tecnologia. Em agosto de 1985, o INPE passou a ser subordinado ao MCT, e a nova administração do instituto literalmente abriu as portas à comunidade científica extramuros e ao público em geral. Os correspondentes dos grandes jornais como *O Globo*, *O Estado de S. Paulo*, e a *Folha de S. Paulo* passaram a ver o instituto como uma das principais fontes de notícias da região do Vale do Paraíba.

O programa de desenvolvimento do primeiro satélite brasileiro, que estava sendo feito no INPE desde o início da década de 1980, recebeu grande "impulso no período de 1985 a 1988, que também coincidiu com melhorias de verbas e salários na área governamental de C&T. Durante certo tempo, nesse período, chegamos a ter quatro jornalistas trabalhando na assessoria de comunicação social, que passou a ser reconhecida oficialmente na estrutura da instituição. O nosso esforço maior nos três primeiros anos havia sido ganhar a confiança da imprensa e da comunidade interna do INPE. A partir daí, os esforços passaram a concentrar-se no atendimento à demanda, cada vez maior, dos colegas jornalistas e do público interno. Havíamos alcançado aquele que é aparentemente o principal objetivo de todo jornalista que trabalha em assessoria de imprensa: conquistar bom e permanente espaço na mídia.

O presidente Fernando Collor de Mello assumiu a Presidência em janeiro de 1990 e um de seus primeiros atos administrativos foi, entre outros que pretendiam "moralizar o Estado", diminuir os cargos de chefia nos órgãos governamentais. No INPE, uma das áreas que foram cortadas da estrutura foi a de comunicação social, que passou a integrar o gabinete da direção do instituto. Em 1992, com apenas duas jornalistas, dois publicitários, um fotógrafo, e duas profissionais de computação gráfica, ficou subordinada à coordenadoria de relações institucionais, responsável pela supervisão dos acordos nacionais e internacionais de cooperação técnico-científica. Portanto, apesar de haver na instituição um grupo de comunicação social com profissionais desde 1971 (quando começou a ser produzido o *Espacial*, extinto em 1990), somente durante quatro anos esse setor foi oficialmente reconhecido na estrutura do INPE e coordenado por profissionais da área, a exemplo do que se verifica na maior parte dos institutos do MCT.

O reconhecimento ou não na estrutura não é irrelevante. Denota a pouca prioridade dada à comunicação social pelos dirigentes das instituições. No caso específico do INPE, houve confortável acomodação com a facilidade que a instituição adquiriu para ocupar espaço na mídia. A entidade é hoje uma das mais bem divulgadas pela imprensa no âmbito do MCT, fato inegavelmente gratificante tanto para os profissionais da assessoria de comunicação social como para o setor de modo geral.

COBERTURA SEM VISÃO CRÍTICA

No entanto, o que questionamos é até que ponto essa divulgação está contribuindo para o esclarecimento da opinião pública quanto à importância e aos reais benefícios que as atividades espaciais podem, ou não, trazer ao país. Em nosso entender, a cobertura jornalística nessa área não oferece ao público informações que o orientem, por exemplo, sobre como participar ou influir nas decisões políticas que são tomadas sobre investimentos e programas espaciais.

Uma notícia amplamente divulgada pela mídia foi a assinatura de acordo entre o Brasil e os Estados Unidos, no final de 1997, que visa a participação brasileira na construção de alguns equipamentos para a Estação Espacial Internacional da NASA. Esse acordo prevê investimentos brasileiros da ordem de 120 milhões de dólares, para período de cerca de 4 anos, que consequentemente darão ao país a possibilidade de ter "astronauta" a bordo da estação, e realizar pesquisas em ambiente de microgravidade. Foi o que a mídia divulgou.

Em nenhum momento foi questionado, por exemplo, o fato de o orçamento anual feito pelo governo na área estar em torno de 100 milhões de dólares, para todos os programas, de onde se deduz que em 4 anos vamos investir cerca de um terço do valor de tal orçamento somente nesse programa da NASA. Se não, de onde virá esse dinheiro? De novos empréstimos feitos em bancos internacionais? Até que ponto haverá real participação de indústrias brasileiras no acordo? Vão ser capazes de absorver novas tecnologias, ou vão apenas montar equipamentos com projetos já definidos pela indústria americana? E os programas nacionais como o desenvolvimento de satélites brasileiros? Têm verbas suficientes? Seus cronogramas estão em dia? São questões que poderiam ser levantadas pela mídia, para melhor esclarecimento da população.

O despreparo de grande maioria dos jornalistas na cobertura dessa área é tamanho que chega em alguns casos a ser hilariante. Há alguns anos, quando o INPE ainda se preparava para lançar o primeiro satélite (lançado em 1993), uma pauteira do programa *Fantástico*, da Rede Globo, ligou para a assessoria de imprensa e fez a seguinte pergunta: "Será que podemos enviar uma equipe do Fantástico dentro do satélite quando ele for lançado?" O interessante é que a TV Globo já usava satélites havia vários anos para fazer suas transmissões, e a própria jornalista estava utilizando o satélite Brasilsat para comunicar-se conosco por telefone. E não sabia o que era satélite. Embora este fato tenha ocorrido há alguns anos, ainda recentemente, quando da tentativa de lançamento do Veículo Lançador de Satélites (VLS) pela Aeronáutica, em novembro de 1997, era comum os jornalistas confundirem, nas entrevistas, o satélite com o foguete. Em futebol, seria o mesmo que confundir o chute do jogador com a bola.

Os poucos jornalistas que conseguem dedicar-se à cobertura mais próxima da área espacial no Brasil, embora possam desenvolver bom conhecimento sobre a estrutura e as atividades das três únicas instituições existentes – a AEB, em Brasília, o INPE e o IAE, em São José dos Campos – esbarram na dificuldade de encontrar outro lado, outra versão ou visão possível das notícias que recebem. Essas instituições detêm o poder de monopólio da informação nessa área. Pode ser diferente. Nos Estados Unidos ou em qualquer outro país avançado, cujas atividades espaciais já estão incorporadas à cultura e ao sistema político-econômico-social, as fontes oficiais podem ser confrontadas com fontes nas universidades, nas indústrias, e até mesmo com consultores independentes. A nossa indústria nessa área ainda é pequena, e o desenvolvimento de pesquisa tecnológica espacial praticamente inexiste em universidades brasileiras.

Notícias que encantam a mídia como um possível astronauta brasileiro levado ao espaço pela NASA; os dados do desmatamento na Amazônia; a bandeira do Brasil na Estação Espacial Internacional da NASA; contratos milionários com a indústria nacional e a estrangeira para a construção de vários satélites – que deveriam estar todos no espaço até o ano 2002 – têm sido divulgadas com frequência pela mídia, com base unicamente nas declarações de fontes oficiais. Sem questionamento, sem contrapontos, sem memória para lembrar, por exemplo, que até o momento só fomos capazes de lançar dois satélites ao espaço. Ou seja, pretende-se fazer em poucos anos o que não foi feito em mais de trinta. Em nosso entender, tanto as instituições deveriam prestar melhores esclarecimentos sobre incongruências como estas, como a mídia deveria estar mais atenta para cobrar as instituições científicas.

UMA MANDALA PARA O JORNALISMO ESPACIAL

No budismo tântrico a mandala é diagrama composto de círculos e quadrados concêntricos, que apresenta uma imagem do mundo e instrumento que se presta à meditação, ao pensamento. Como proposta final deste trabalho, apresentamos um modelo sistêmico de comunicação com o público, que pode ser adotado tanto por jornalistas que trabalham na imprensa como por assessorias de instituições de pesquisa ou de universidades. A visão de uma mandala espacial permite a percepção de uma imagem integrada de mundo. Este modelo, embora específico para a área espacial, pode ser adotado por qualquer outra organização científica, desde que esta se preocupe em definir, em primeiro lugar, quem são os seus usuários e que audiências pretende atingir. O modelo resultou de proposta que apresentamos no IV Seminário Internacional de Educação Espacial da Federação Internacional de Astronáutica (IAF), realizado no INPE, em São José dos Campos, SP, em abril de 1994.

Ele permite aos profissionais responsáveis pela execução das estratégias e ações de comunicação com o público relacionar as atividades espaciais a diversos campos da atividade humana: a navegação, a agricultura, a meteorologia, a observação e o manejo de recursos terrestres e oceânicos, a produção de alimentos e a medicina (por exemplo, com pesquisas em laboratórios espaciais de proteínas para cura de doenças como o mal de Chagas); nas ciências, a astronomia, a física e a cosmologia; o entretenimento, que chamamos de "sonhos", como as artes, os parques, os museus, os livros e o cinema. Associada à tecnologia espacial, estão as redes de informação (que fazem uso de satélites de comunicações), o gerenciamento de sistemas desenvolvidos para o manejo dos complexos programas espaciais, as telecomunicações e os satélites para a observação da Terra. Com isto, é possível "mostrar" a diversos públicos como a atividade espacial está muito mais presente no dia a dia das pessoas do que elas se dão conta.

É uma estratégia viável para construir opinião pública favorável às atividades espaciais, mas ao mesmo tempo capacitada para julgar e influir nas decisões tomadas nessa área. Uma forma de aproximar as pessoas de conhecimento aparentemente distante de sua realidade, mas que na verdade já está incorporado ao sistema econômico e político do país. Portanto, é conhecimento que deve tornar-se acessível ao público.

A abordagem de uma comunicação de C&T voltada mais para educar e informar do que celebrar e enaltecer as instituições poderá contribuir também com a formação de jornalistas científicos mais críticos e questionadores, e menos acomodados aos limites das fontes oficiais das instituições de C&T:

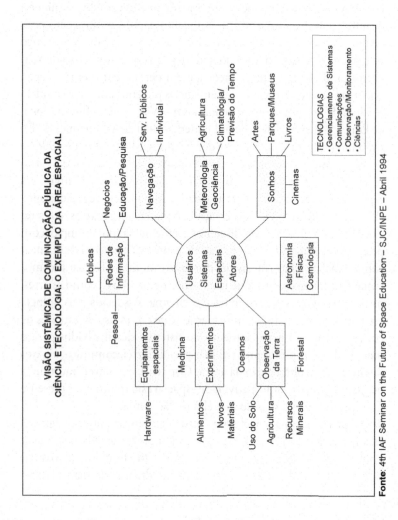

Fonte: 4th IAF Seminar on the Future of Space Education – SJC/INPE – Abril 1994

SUGESTÕES DE LEITURA

A língua inglesa domina a maior e melhor parte da bibliografia mundial sobre jornalismo e divulgação científica. Apresentamos aqui alguns livros interessantes para quem quer se iniciar na prática do jornalismo científico, tanto de autores brasileiros como estrangeiros, sobretudo americanos – livros destes últimos podem ser facilmente adquiridos pela internet. A variedade é grande, depende da área do jornalismo científico que se pretende cobrir. Em conversas com colegas jornalistas, cada um apresenta sugestões diferentes de leitura; então, fornecemos aqui uma cesta básica para quem quer ter visão geral do jornalismo científico.

Na área acadêmica dos Estados Unidos, Dorothy Nelkin, da Universidade de Nova York, Carol Rogers e Sharon Dunwoody, da Universidade de Wisconsin-Madison, e Bruce Lewenstein, da Universidade de Cornell, são os nomes mais comentados no campo dos estudos de jornalismo e comunicação pública da ciência. No Brasil, é extensa a bibliografia produzida por José Reis. Aqui também uma boa sugestão é entrar no site www.jornalismocientifico.com.br, produzido pelo jornalista e professor Wilson da Costa Bueno. Além de reunir várias informações sobre o assunto, Bueno torna disponível no site bibliografia que inclui livros, teses e artigos;

Jornalismo científico e comunicação pública da ciência

ANTON, Ted e McCOURT, Rick (edit). *The new science journalists*. New York: Ballantine Books, 1995.

BLUM, Deborah e KNUDSON, Mary (edit.). *A field guide for science writers. The official guide of the National Association of Science Writers.* New York: Oxford University Press, 1997.

BUENO, Wilson da Costa. *Jornalismo Científico no Brasil: Aspectos Teóricos e Práticos.* Coleção Comunicação Jornalística e Editorial. São Paulo: Escola de Comunicações e Artes, Universidade de São Paulo, 1988 (Série Pesquisa 7).

NELKIN, Dorothy. *Selling science: how the press covers science and technology.* ed. rev. New York: W. H. Freeman Company, 1995.

História e filosofia da ciência

ALVES, Rubem. *Filosofia da ciência: introdução ao jogo e suas regras.* 17ª ed. São Paulo: Ed. Brasiliense, 1993. (Leituras Afins).

BRABEN, Donald W. *To be a scientist.* New York: Oxford University Press, 1994.

BRONOWSKI, Jacob. *O senso comum da ciência.* Belo Horizonte: Ed. Itatiaia; São Paulo, Ed. da Universidade de São Paulo, 1977.

CHALMERS, A.F. *O que é ciência, afinal?* São Paulo: Ed. Brasiliense, 1993. (Coleção Primeiros Passos).

DAVID, Joseph Ben. *O Papel do Cientista na Universidade.* São Paulo: Livraria Pioneira Editora, Editora da Universidade de São Paulo, 1974.

DIXON, Bernard. *Para que serve a ciência?* São Paulo: Cia. Editora Nacional, 1976.

KUHN, Thomas S. *A estrutura das revoluções científicas.* 3ª ed. São Paulo: Ed. Perspectiva, 1992. (Coleção Debates).

MEDEIROS, José Adelino e MEDEIROS, Lucília Atas. *O que é tecnologia.* São Paulo: Ed. Brasiliense, 1993. (Coleção Primeiros Passos).

Política científica e tecnológica

UNESCO. *World Science Report*. Paris: UNESCO Publishing, Annual Report,

BEN-DAVID, Joseph. *O papel do cientista na sociedade: um estudo comparativo*. Trad. Dante Moreira Leite. São Paulo: Pioneira; Ed. da Universidade de São Paulo, 1974.

MOREL, Regina Lúcia de Moraes. *Ciência e estado: a política científica no Brasil*. São Paulo: T. A. Queiroz, 1979.

BRASIL. Ministério da Ciência e Tecnologia. Conselho Nacional de Desenvolvimento Científico e Tecnológico. Museu de Astronomia e Ciências Afins. *O que o brasileiro pensa da Ciência e Tecnologia? (A imagem da Ciência e da Tecnologia junto à população urbana brasileira)*. Pesquisa realizada pelo Instituto Gallup de Opinião Pública. Rio de Janeiro: MAST, 1987.

GUIA DE FONTES

Nesta parte inserimos um guia de fontes para jornalistas e divulgadores científicos iniciantes. Apresentamos um roteiro com as principais organizações ligadas à Ciência e Tecnologia. É bom salientar que este guia não pretende ser exaustivo, tampouco tem a intenção de ser completo. Pretende servir como referencial sobre os organismos que realizam atividades na área de C&T no Brasil.

Para facilitar a consulta, dividimos as instituições em alguns grupos.

MCT – Ministério da Ciência e Tecnologia

Esplanada dos Ministérios, Bloco E
70067-900 – Brasília – DF
Tel. (61) 317-7500 – Fax. (61) 3317-7500
Internet: www.mct.gov.br

O Ministério da Ciência e Tecnologia é responsável pela política nacional de C&T e congrega algumas das principais instituições e organismos governamentais ligados à C&T. Fundação: 1985.

INSTITUTOS DE PESQUISA

CBPF – Centro Brasileiro de Pesquisas Físicas

Rua Dr. Xavier Sigaud, 150 – Edif. César Lattes, Urca
22290-180 – Rio de Janeiro – RJ
Tel. (21) 2141-7100/7400
Internet: www.cbpf.br

Subordinado ao Ministério da Ciência e Tecnologia. O CBPF tem como objetivo a investigação científica básica e o desenvolvimento de atividades acadêmicas de pós-graduação em Física Teórica e Experimental. Fundação: 1949

CETEM – Centro de Tecnologia Mineral

Avenida Pedro Calmon, 900 – Cidade Universitária
21941-908 – Rio de Janeiro – RJ
Tel. (21) 3865-7222
Internet: www.cetem.gov.br

Instituto subordinado ao Ministério da Ciência e Tecnologia. Tem por objetivo a realização de pesquisas, desenvolvendo e adaptando tecnologias para melhor exploração dos recursos minerais distribuídos no país. Fundação: 1978.

CTA – Centro Técnico Aeroespacial

Praça Marechal Eduardo Gomes, 50 – Vila das Acácias
12228-901 – São José dos Campos – SP
Tel. (12) 3947-3000
Internet: www.cta.br

É organização do Ministério da Aeronáutica. Tem por finalidade a realização das atividades técnico-científicas relacionadas com ensino, pesquisa e desenvolvimento aeroespacial. Possui 4 institutos integrados, destacando-se o ITA (Instituto Tecnológico de Aeronáutica). Desenvolveu o VLS (Veiculo Lançador de Satélites). Fundado em 1953.

Embrapa – Empresa Brasileira de Pesquisa Agropecuária

SAIN – Parque Estação Biológica- PqEB –s/nº
70770-901 – Brasília – DF
Tel. (61) 3448-4433
Internet: www.embrapa.br

É vinculada ao Ministério da Agricultura e do Abastecimento. Tem como missão viabilizar soluções para o desenvolvimento agropecuário do país por meio da geração, adaptação e transferência de conhecimentos e tecnologias, ajudando a aumentar a produtividade no campo, a reduzir custos, a modernizar os sistemas de produção e a melhorar a qualidade de vida do brasileiro. A Embrapa está presente em quase todos os estados da federação. Fundação: 1973.

FIOCRUZ – Fundação Oswaldo Cruz
Av. Brasil, 4365 – Manguinhos
21040-360 – Rio de Janeiro – RJ
Tel. (21) 2598-4242
Internet: www.fiocruz.br

É vinculada ao Ministério da Saúde e desenvolve ações na área da ciência e tecnologia em saúde, do ensino, da assistência hospitalar e ambulatorial de referência, na formulação de estratégias de saúde pública, na informação e difusão, na formação de recursos humanos, na produção de vacinas, medicamentos, kits de diagnósticos e reagentes, no controle de qualidade e no desenvolvimento de tecnologias para a saúde. Fundação: 1900.

Ibama – Instituto Brasileiro do Meio Ambiente e dos Recursos Naturais Renováveis
SCEN Trecho 2 – Ed. Sede
70818-900 – Brasília – DF
Tel. (61) 3316-1212
Internet: www.ibama.gov.br

O Ibama, ligado ao Ministério do Meio Ambiente, atua em diversas frentes com o objetivo de garantir que as ações públicas e privadas que interfiram na qualidade dos recursos ambientais sejam acompanhadas e mantidas com padrão que garanta o equilíbrio ambiental e conduza ao desenvolvimento econômico ecologicamente sustentável. Fundação: 1989.

IBICT – Instituto Brasileiro de Informação em Ciência e Tecnologia

SAS Quadra 5 Lote 6 Bloco H
70070-912 – Brasília – DF
Tel. (61) 3217-6360
Internet: www.ibict.br

Instituto ligado ao MCT. Realiza estudos e pesquisas, coordena redes de informação e oferece e desenvolve produtos e serviços, além de formar e capacitar profissionais. Como órgão nacional, monitora o cenário nacional de informação em ciência e tecnologia, a fim de subsidiar políticas para o setor. Fundação: década de 1950.

IMPA – Instituto de Matemática Pura e Aplicada

Estrada Dona Castorina, 110 – Jardim Botânico
22460-320 – Rio de Janeiro – RJ
Tel. (21) 2529-5000
Internet: www.impa.br

Ligado ao MCT. É o instituto de pesquisa de matemática com maior reconhecimento na América Latina. Além de desenvolver pesquisas, trabalha na formação de recursos humanos e produz materiais didáticos para a área acadêmica. Fundação: 1951 (primeira unidade de pesquisa criada pelo CNPq).

INMETRO – Instituto Nacional de Metrologia, Normalização e Qualidade

Rua Santa Alexandrina, 416 – Rio Comprido
20261-232 – Rio de Janeiro – RJ
Tel. (21) 2563-2800
Internet: www.inmetro.gov.br

Ligado ao Ministério do Desenvolvimento, Indústria e Comércio. O INMETRO objetiva fortalecer as empresas nacionais, aumentando sua produtividade pela adoção de mecanismos destinados à melhoria da qualidade de produtos e serviços. É o instituto que realiza pesquisas e avaliações de materiais de consumo colocados à venda no mercado, verificando sua qualidade, especialmente nos aspectos ligados à saúde, à segurança e ao meio ambiente. Sua marca funciona como selo de qualidade nos produtos que têm sua aprovação. Fundação: 1973.

INPA – Instituto Nacional de Pesquisas da Amazônia

Av. André Araújo, 2936
69060-001 – Manaus – AM
Tel. (92) 3643-3377
Internet: www.inpa.gov.br

É instituição vinculada.ao MCT, que tem dado importante contribuição ao conhecimento científico e ao desenvolvimento tecnológico da Amazônia. No âmbito da ciência fundamental, os pesquisadores do INPA têm se dedicado ao estudo da flora, da fauna e do ambiente. É do equilíbrio destes elementos que depende a existência e a preservação desse complexo de diversidade biológica. Fundação: 1952.

INPE – Instituto Nacional de Pesquisas Espaciais

Av. dos Astronautas, 1758
12227-010 – São José dos Campos – SP
Tel. (12) 3208-6000
Internet: www.inpe.br

É vinculado ao MCT e tem por finalidade promover e executar estudos, pesquisas científicas, desenvolvimento tecnológico e capacitação de recursos humanos nos campos da ciência espacial e da atmosfera, das aplicações espaciais, da meteorologia e da engenharia e tecnologia espaciais. O INPE desenvolve satélites artificiais para levantamento de recursos terrestres. Fundação: 1961.

INPI – Instituto Nacional da Propriedade Industrial

Praça Mauá, 7 – Centro
20081-240 – Rio de Janeiro – RJ

Tel. (21) 2139-3000
Internet: www.inpi.gov.br

É vinculado ao Ministério do Desenvolvimento, Indústria e Comércio Exterior. Tem por finalidade principal executar, no âmbito nacional, as normas que regulam a propriedade industrial. Fundação: 1970.

INT – Instituto Nacional de Tecnologia

Av. Venezuela, 82
20081-312 – Rio de Janeiro – RJ
Tel. (21) 2123-1100
Internet: www.int.gov.br

Ligado ao MCT. O INT volta sua atuação para a disseminação de tecnologias de baixo custo e de alto valor agregado, notadamente junto a empresas micro, pequenas e médias. Fundação: 1921

ITA – Instituto Tecnológico de Aeronáutica

Praça Marechal Eduardo Gomes, 50
12228-900 – São José dos Campos – SP
Tel. (12) 3947-6947
Internet: www.ita.br

Vinculado ao Centro Técnico Aeroespacial (CTA) – Ministério da Aeronáutica –, o ITA é uma das mais conceituadas instituições de ensino superior do Brasil, ministrando cursos ligados à área de C&T e nas especialidades do interesse do ministério a que pertence. Mantém cursos de graduação, de extensão universitária e de pós-graduação nos níveis de mestrado e doutorado, realizando pesquisas ligadas à área de C&T. Fundação: 1950.

LNA – Laboratório Nacional de Astrofísica

Rua Estados Unidos, 154 – Bairro das Nações
37504-364 – Itajubá – MG
Tel. (35) 3629-8100
Internet: www.lna.br

Laboratório ligado ao MCT. Seu observatório tem um telescópio de 1,6 metros. Até 1985 era ligado ao Observatório Nacional (ON) e a partir de então foi criado o LNA. É o principal fornecedor de meios observacionais para a realização de pesquisas em Astronomia no país. Inaugurado em 1980.

LNCC – Laboratório Nacional de Computação Científica
Av. Getúlio Vargas, 333 – Quitandinha
25651-075 – Petrópolis – RJ
Tel. (24) 2233-6000
Internet: www.lncc.br

Unidade ligada ao MCT. Desenvolve trabalhos nas áreas de ciência e engenharia através da computação científica. O laboratório trabalha com simulação numérica de problemas, abrangendo seus préstimos a vários segmentos como energia nuclear, setor petroquímico e até a área de educação. Fundação: 1980.

LNLS – Laboratório Nacional de Luz Síncrotron
Rua Giuseppe Máximo Scolfaro, 10000 – Guará
13083-360 – Campinas – SP
Tel. (19) 3512-1010
Internet: www.lnls.br

Centro vinculado ao MCT. Desenvolve pesquisas avançadas com fonte de luz síncrotron, que possibilita o estudo de átomos e moléculas, em estudos desenvolvidos por físicos, químicos, biólogos, engenheiros de materiais e outros. O objetivo é gerar conhecimentos que poderão servir para a construção de novos materiais ou medicamentos. O Brasil é um dos 14 países que detêm a tecnologia de luz síncrotron no mundo – é o único do hemisfério sul. Esta tecnologia é utilizada desde 1997, quando brasileiros a desenvolveram.

MAST – Museu de Astronomia e Ciências Afins
Rua General Bruce, 586 – São Cristóvão
20921-030 – Rio de Janeiro – RJ

Tel. (21) 2580-7010
Internet: www.mast.br

O MAST é ao mesmo tempo instituição de pesquisa e museu aberto ao público desde 1985. Como instituição de pesquisa, desenvolve trabalhos nas áreas de história e sociologia da ciência, etnoastronomia e arqueoastronomia, museologia e educação não formal. Também realiza extensa programação educacional voltada para a difusão e sensibilização para a ciência.

MPEG – Museu Paraense Emílio Goeldi

Av. Magalhães Barata, 376 – São Braz
66040-170 – Belém – PA
Internet: www.museu-goeldi.br

Museu ligado ao MCT. Centra seus trabalhos na investigação e divulgação de conhecimento sobre a Amazônia, notadamente nas áreas de botânica, zoologia, ciências humanas e ecologia. O principal produto desse esforço é a formação de um conjunto de dados e informações estruturadas nos vários acervos científicos da instituição. Fundação: 1866.

ON – Observatório Nacional

Rua Gal. José Cristino, 77 – São Cristóvão
20921-400 – Rio de Janeiro – RJ
Tel. (21) 3504-9100
Internet: www.on.br

O ON integra o conjunto de institutos subordinados ao MCT. Tem como objetivo principal o desenvolvimento de pesquisas científicas nas áreas de astronomia, astrofísica e geofísica, acompanhando suas aplicações e atuando como um dos polos nacionais de formação e aperfeiçoamento de pesquisadores por meio dos cursos de mestrado e doutorado que organiza. É o mais antigo observatório em operação no país. Fundação: 1827.

AGÊNCIAS DE FOMENTO

CAPES – Fundação Coordenação de Aperfeiçoamento de Pessoal de Nível Superior

Setor Bancário Norte, Quadra 2, Bloco L – Lote 06
70040-020 – Brasília – DF
Tel. (61) 410-8860
Internet: www.capes.gov.br

É fundação pública vinculada ao Ministério da Educação. A CAPES vem subsidiando o MEC na formulação das políticas de pós-graduação, coordenando e estimulando – mediante a concessão de bolsas de estudo, auxílios e outros mecanismos – a formação de recursos humanos altamente qualificados para a docência em grau superior, a pesquisa e o atendimento da demanda profissional dos setores públicos e privados. Ela é a única agência de fomento à pós-graduação, no Brasil, a manter sistema de avaliação de cursos reconhecido e utilizado por outras instituições nacionais. Fundação: 1992.

CNPq – Conselho Nacional de Desenvolvimento Científico e Tecnológico

SEPN 507, Bloco B
70740-901 – Brasília – DF
Tel. (61) 2108-9000
Internet: www.cnpq.br

Diretamente ligado ao Ministério da Ciência e Tecnologia, é fundação de fomento à pesquisa que oferece bolsas e auxílios financeiros. Para o cumprimento de sua missão, o CNPq realiza três atividades básicas: fomento, execução de pesquisa e informação e difusão de ciência e tecnologia. Fundação: 1951.

Fapesp – Fundação de Amparo à Pesquisa do Estado de SP

Rua Pio XI, 1500 – Alto da Lapa
05468-901 – São Paulo – SP

Tel. (11) 3838-4000
Internet: www.fapesp.br
Fundação de grande renome no país, ligada ao Governo do Estado de São Paulo. Dá sustentação a projetos ligados à ciência, mediante bolsas e auxílios-pesquisa. Fundação: 1962.

FINEP – Financiadora de Estudos e Projetos
Av. das Nações Unidas, 10.989
04578-000 – São Paulo – SP
Tel. (11) 3847-0300
Internet: www.finep.gov.br
Empresa pública vinculada ao MCT. Seu objetivo é promover o desenvolvimento tecnológico e a inovação no país por meio do apoio a empresas e instituições que investem no desenvolvimento de novos produtos e processos. Fundação: 1967.

SOCIEDADES CIENTÍFICAS

ABJC – Associação Brasileira de Jornalismo Científico
Rua Cipriano Barata, 1403
04205-001 – São Paulo – SP
Internet: www.abjc.org.br

ABC – Academia Brasileira de Ciências
Rua Anfilófio de Carvalho, 29 – 3º andar
20030-060 – Rio de Janeiro – RJ
Tel. (21) 3907-8100
Internet: www.abc.org.br

É sociedade civil, sem fins lucrativos e de utilidade pública, que congrega membros da comunidade científica. A ABC reúne seus membros em seis seções especializadas: ciências matemáticas, físicas, químicas, da Terra, biológicas e ciências da engenharia. Seu objetivo é discutir e propor novas soluções para questões científicas e socioeconômicas. Fundação: 1916.

ANPEI – Associação Nacional de Desenvolvimento das Empresas Industriais

Rua Helena, 170 – cj. 134 – V. Olímpia
04552-050 – São Paulo – SP
Tel. (11) 3842-3533
Internet: www.anpei.org.br

A ANPEI é associação de empresas que visa difundir a importância da inovação tecnológica no meio industrial do país e auxiliar seus cerca de 60 associados a capacitar-se tecnologicamente. Reúne empresas e dirigentes dos mais variados ramos, buscando competitividade por meio da inovação tecnológica. Fundação: 1984.

SBPC – Sociedade Brasileira para o Progresso da Ciência

Sede nacional: Rua Maria Antonia, 294, 4º andar – Vila Buarque
01222-010 – São Paulo – SP
Tel. (11) 3259-2766
Internet: www.sbpcnet.org.br

É entidade civil, sem fins lucrativos, voltada principalmente para a defesa do desenvolvimento científico, tecnológico, educacional e cultural do Brasil. É a principal organização representativa da comunidade científica brasileira, congregando todas as sociedades científicas do país. Fundação: 1954.

UNIVERSIDADES

USP – Universidade de São Paulo

Av. Prof. Almeida Prado, 1208
05508-070 – São Paulo – SP
Tel. (11) 3818-4244
Internet: www.usp.br

UNICAMP – Universidade de Campinas

Pró-Reitoria Zeferino Vaz
13083-970 – Campinas – SP
Tel. (19) 3788-4742
Internet: www.unicamp.br

UNESP – Universidade Estadual Paulista

Alameda Santos, 647
01419-001 – São Paulo – SP
Tel. (11) 3251-2965
Internet: www.unesp.br

UFSC – Universidade Federal de Santa Catarina

Campus Universitário – Trindade
88040-970 – Florianópolis – SC
Tel. (48) 3721-9000
Internet: www.ufsc.br

UFRJ – Universidade Federal do Rio de Janeiro

Av. Pedro Calmon, 550 – Prédio da Reitoria
21941-901 – Rio de Janeiro – RJ
Tel. (21) 2562-2010
Internet: www.ufrj.br

UFRGS – Universidade Federal do Rio Grande do Sul

Av. Paulo Gama, 110 – Térreo
90040-060 – Porto Alegre – RS
Tel. (51) 3308-6000
Internet: www.ufrgs.br

UFPE – Universidade Federal do Pernambuco

Av. Prof. Moraes Rego, 1235
50670-901 – Recife – PE
Tel. (81) 2126-8000
Internet: www.ufpe.br

FONTES NA INTERNET

Internacionais

www.eurekalert.org

EurekAlert! Public contents. Dispõe de informação diária sobre os últimos avanços da ciência e tecnologia, com *links* para periódicos científicos e revistas de divulgação. É produzido pela Associação Americana para o Progresso da Ciência (AAAS – EUA). O EurekAlert! tem *links* com as principais associações de jornalismo científico do mundo.

www.wfsj.org

Página oficial da Federação Mundial dos Jornalistas Científicos, fundada em 2002 durante a III Conferência realizada no Brasil. Inclui arquivos de todas as conferências realizadas até o momento, e recursos como um curso on-line de jornalismo científico.

http://pus.sagepub.com/

Publicação acadêmica da editora Sage, a Public Understanding of Science contém artigos de professores e pesquisadores de diversos países sobre a compreensão pública da ciência. Alguns artigos podem ser baixados livremente.

http://scx.sagepub.com/

Também uma publicação acadêmica da editora Sage, a Science Communication contém artigos de professores e pesquisadores de diversos países que tratam mais especificamente de ações de comunicação e divulgação científica. Alguns artigos podem ser baixados livremente.

www.scidev.net

É uma página dedicada a notícias de ciência e tecnologia nos países em desenvolvimento. Tem versões em diversas línguas, inclusive em português.

Nacionais

www.jornalismocientifico.com.br
Tem grande variedade de artigos, bibliografia, seções, teses, dicas e informações sobre jornalismo científico.

www.comciencia.br
Revista eletrônica de jornalismo científico, produzida pelo Labjor (Laboratório Estudos Avançados de Jornalismo, da Unicamp).

www.observatoriodaimprensa.com.br
Contém uma seção chamada Ofjor Ciência, que é oficina on-line de jornalismo científico, dedicada exclusivamente à divulgação desse setor.

www.labjor.unicamp.br
O Labjor desenvolve atividades de pós-graduação, pesquisa e consultoria relacionadas à área de jornalismo e comunicação, e tem como meta ser centro de pesquisas e acompanhamento da mídia, produzindo pensamento crítico que auxilie na formação de comunicadores capazes de transmitir informação ao público em geral.

www.scielo.br
Livraria Científica Eletrônica – Biblioteca virtual que contém uma coleção de periódicos científicos brasileiros. O site da SciELO é parte do Projeto FAPESP/BIREME e tem por objetivo criar biblioteca eletrônica que possa proporcionar amplo acesso a coleções de periódicos, aos fascículos de cada título de periódico e aos textos completos dos artigos.

www.ciencia.org.br
Ciência Hoje on-line. O site apresenta artigos selecionados da revista impressa, artigos especiais para crianças e o cotidiano da ciência e da tecnologia no Brasil e no mundo.

www.ccuec.unicamp.br/revista/

Revista de informação e tecnologia, trimestral e eletrônica, elaborada e publicada pela Unicamp, com informação sobre desenvolvimento científico e tecnológico.

www.eca.usp.br/nucleos/njr

Núcleo José Reis de Divulgação Científica da ECA/USP, que investiga e divulga trabalhos e estudos científicos por meio de livros e publicações.

www.sciencenet.com.br

Sciencenet (Brasil). Site de divulgação da ciência, com o objetivo de desmistificá-la e democratizá-la, aproximando-a da sociedade por meio do jornalismo científico. É fruto de projeto de pesquisa *stricto sensu*. Seu objetivo é aproximar a ciência e a sociedade por meio do jornalismo científico.

www.gestaoct.org.br

Essa página é o principal produto do Projeto de Informação e Comunicação para os Sistemas Estaduais de C&T, coordenado pela Abipti (Associação Brasileira das Instituições de Pesquisa Tecnológica). Produz um boletim de notícias bastante completo sobre o que acontece na área de C&T no Brasil.

CURRÍCULO

Fabíola de Oliveira nasceu no Rio de Janeiro, RJ, em 1953. É jornalista formada na Universidade Federal Fluminense (UFF, 1978), mestre em ciências da comunicação (1991) e doutora em jornalismo científico (1998) pela Escola de Comunicações e Artes da Universidade de São Paulo (ECA/USP). Tem curso de especialização em atividades espaciais da International Space University (ISU, 1988), realizado no Massachussets Institute of Technology (MIT). Foi fundadora e presidente da Seccional do Sindicato dos Jornalistas Profissionais no Estado de São Paulo, em São José dos Campos, SP, (1979-1983), presidente da Associação Brasileira de Jornalismo Científico (ABJC, 1990-1991) e sua primeira secretária (1999-2000). Foi vice-coordenadora do Comitê de Educação e Divulgação Espacial da International Astronautical Federation (IAF 1993-1998) e é membro da International Academy of Astronautics (IAA, desde 1995). É autora dos livros *Caminhos para o Espaço* (Editora Contexto, SP, 1991), sobre os 30 anos de história do INPE, e *O Brasil Chega ao Espaço* (Proposta Editorial, SP, 1996), sobre o desenvolvimento do primeiro satélite brasileiro. Por este último livro recebeu o prêmio Livro do Ano 1997 na área de ciências sociais, outorgado pela IAA, em 7 de outubro de 1997, em Turim, na Itália. É também autora de diversos estudos e artigos sobre jornalismo e divulgação científica em publicações nacionais e estrangeiras. Trabalhou 16 anos (1982-1998) como assessora de imprensa, escritora e editora de divulgação científica no Instituto Nacional de Pesquisas Espaciais (INPE), em São José dos Campos, SP. Desde janeiro de 1999 é professora e coordenadora do curso de jornalismo da Universidade do Vale do Paraíba (Univap), em São José dos Campos. Em julho de 2002 recebeu o prêmio José Reis de Jornalismo Científico, concedido pelo Conselho Nacional de Desenvolvimento Científico e Tecnológico (CNPq).

CADASTRE-SE
EM NOSSO SITE,
FIQUE POR DENTRO DAS NOVIDADES
E APROVEITE OS MELHORES DESCONTOS

LIVROS NAS ÁREAS DE:

História | Língua Portuguesa
Educação | Geografia | Comunicação
Relações Internacionais | Ciências Sociais
Formação de professor | Interesse geral

ou
editoracontexto.com.br/newscontexto

Siga a Contexto
nas Redes Sociais:
@editoracontexto